投資5年本金從4萬到1億的女人

從省錢、定存到股票，小資女的質感理財提案

淘淘——著

目錄

目錄

目錄

推薦序

推薦序

女孩愛財，理之有道

自古以來都在講，男人必先立業後成家。而女人，似乎生來的使命只有相夫教子，徹徹底底充當男人的陪襯。儘管時代變了，但多數人骨子裡依然覺得女人嫁得好就可以了。那何為嫁得好？波譎雲詭的世事，只把人生依附於妳所謂的愛情，牢靠嗎？這樣的一生，妳甘心嗎？

我有兩個不錯的朋友，露露和大菡。

在大學畢業的時候，露露的四年戀情宣告終結，這讓她久久不能釋懷。好在工作第二年，她遇到了同事J男，兩個人因為共同的興趣愛好而成為戀人，也就此沖淡了昔日的情傷。

上班之後的愛情才是成熟的愛情，露露每當說起與J男的感情，必先拋出這句話。彼時，在我們所有旁觀的朋友看來，這段感情完全可以瓜熟蒂落。所以後來J男被公司派往外地工作時，露露緊緊跟隨愛情的腳步，以最快的速度辭職。比起失去工作，她更害怕失去他。因為從小的家庭教育就不斷告訴她：女人做得好不如嫁得好，工作差不多就行，家庭才是第一位。

或許因為相處久了的關係，他們終陷入永無止盡的爭吵，又或者露露無法理解眼界變開闊的J男與自己的價值觀愈拉愈遠。於是她開始厭倦持續的付出，瘋狂地想要步入婚姻殿堂，她不明白男友要的究竟是什麼！男女之間的很多分歧，都源於看待問題角度的偏差，彼時的J男眼裡只有立業這一件事，畢竟有業不愁家。

大菡是個被我們稱之為獨立女性的女孩，雖說大學四年沒遇見心儀的他，甚至一度被嘲笑在最好的年紀浪費了資源，可她從來都不會在這件事上糾結，即便從大三開始別人都成雙入對，唯獨她形單影隻。與自己相處的日子，為什麼不能過得更有意義呢？於是大菡報考了雅思，課餘時間還學了鋼琴、瑜伽、花藝。畢業之後，因為出色的英語口語，她被一家知名會計事務所看中。

後來，露露和J男分手了，正式步入熟女相親團。母親告訴她：愛情不是被動等來的，是勤奮努力找來的。所以，露露不是在上班、睡覺，就是奔赴在相親地點的路上。總之，她認為只有找到自己愛情的歸屬，才有繼續前進的動力，否則總感覺心裡不踏實。尤其母親還一次次地催促：趕快找，對方條件差不多就先試試，不然越到後面合適的越少，都被別人挑走了。為此，虔誠於愛情的露露，為了相親總是會推掉公司週末的補助課程。露露篤定相信，課程有很多，可對的人錯過了就是一生。

與此同時，同樣單身的大菡，因為出色的表現，已經跳槽到一家跨國外商做到了企業傳訊部副主管。當時追她的人不少，卻都被她歸類為普通朋友。

妳為什麼總是不疾不徐？就不怕優秀的男人都成為別人的老公嗎？在一次聚會上，露露如此質疑大菡對戀愛的態度。露露感覺大菡的觀念與自己反差強烈。

對此，大菡只是笑笑說道：露露，這個世界對優秀男人的定義沒有統一標準。一個月收入三萬塊的女孩，會認為能嫁給一個月薪十萬的男士就算嫁對了；但這對於一個本身月薪已經十幾萬、憧憬生活情調的女孩來說，就不算優秀男人了。

幾年後的今天，原先在同一起跑線的露露和大菡都已嫁為人婦，但她們各自的生活卻差很多。露露繼續過著如原生家庭那樣的小資族生活，婚姻並未改變什麼；而大菡，儘管父母也都是小資族，但她卻透過持續投資自己，吸引來和她一樣優秀、甚至比她更有發展的另一半生活，也因婚姻的起點高了，而變得豐富多彩，富有詩情畫意。

所以，女孩。妳就是自己愛情的標尺，多數情況下，妳所處的位置決定著妳另一半的高度。換個思路想，大多數男人為什麼總說先立業後成家？無非是想把自己變得更優秀，以便選擇各方面更近乎完美的配偶。但女人往往在舊觀念的灌輸下，

推薦序

總覺得不要太優秀，因為這樣能讓自己仰望的男人就愈來愈少。

但是，女孩。生活告訴我們，遇到愛情之前，要努力像男人那樣先立業，哪怕只是份讓妳實現經濟獨立且透過持續努力能獲取更大發展的工作，也比妳原地踏步尋找愛情強。

何況，女孩。父母如掌上明珠般把妳撫養成人，難道只是要看著妳單純去做個生育機器？去成為另一個人的人生附屬？既然都說在這個大叔當道的時代，男人越老越吃香，那受不到歲月眷顧的女人，除了保養好自己，唯一可以抗衡各類人生變數的物質，除了錢，真的沒有更好的替代品了。

是的，女孩。妳可以暫時缺愛，但一刻也不能缺錢；妳可以不愛財，但不能沒有賺錢能力。因為妳只有先立自己的業，未來才能擁有更多選擇生活的權利。只有妳自己學會如何打理財富，才能在變化的世事中擁有持續的安全感，而這是任何人永遠都無法帶給妳的。

王詩文

情感理財小說作家、編劇、媒體人、理財規劃師

自序

有錢的女人真幸福

在這個女性引領消費潮流的時代，理財已經成為保證職場女性獨立、幸福的必要方法。有些職場女性認為錢少的時候不必理財，這樣想的女人們是把理財概念狹義化了。實際上，理財是處理所有和錢相關的事情，小到網路購物、買保險、叫車、旅遊，甚至大到買房、買車、生孩子……這些與人們日常生活息息相關的理財行為。因此，在生活中，人們其實每時每刻都在理財，只是有理得好與不好的區別而已。女人們要選擇適合自己的理財方式，也才能牢牢地抓住幸福。

一位電視節目主持人曾說過：我覺得財富帶來的最大的好處，是讓妳有不做自己不喜歡的事情的權利。就這一點來說，財富是非常值得擁有的。是的，女性的幸福和美麗不僅體現在名牌首飾和服裝上，還應該體現在自己是否具有理財的能力。

懂得理財是創造幸福生活的源泉之一，懂得理財的女性才是最精明、最有魅力、最惹人愛的。

然而，如今很多年輕職場女性都是月光族。她們不儲蓄，更不懂投資，她們心甘情願地將每個月的薪水交給商家，成為

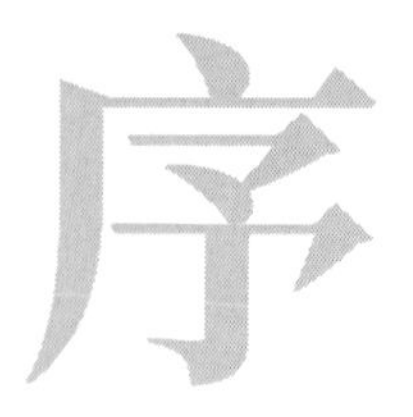

卡奴……她們經常處於缺錢花的狀態。

月光族這種狀態並不是因為她們賺得少，也不是錢自己溜走了，而是因為她們缺乏理財的智慧，沒有做好花錢的預算，沒有把錢花到正確的地方。相信很多職場女性都有這樣的經歷：

每次去餐廳就餐的時候將優惠卡準備好了，卻發現很多消費不在打折的範圍內；

辛辛苦苦積存了一筆錢去銀行儲蓄時，卻在銀行職員的哄騙下稀里糊塗地購買了基金；

痴迷於大品牌、奢侈品，卻對金融產品一無所知；

熟悉各個商場的打折促銷活動以及時間，卻對經濟報導置若罔聞……

為什麼會出現以上種種情況呢？

究其原因，就是她們不懂理財。從某種意義上講，打理自己的財產，就是在打理自己的生活。選擇一種理財方式，就等於選擇了一種生活方式。女性想要過上幸福的生活，就要把理財當成一項長期的事業堅持。

本書從居家消費、休閒旅遊、儲蓄投資、買房買車等方面，向白領女人介紹基本的理財知識和技巧，期望讀者都能夠從本書中領悟到理財的精髓，找到適合自己的理財方式，從而駕馭財富，真正成為能掌控財富和人生的成功者。

淘淘

第 1 堂課

下載理財補丁，更新理財觀念

理財宣言

作為新時代女性，只有樹立理財意識，及時更新理財觀念，才能提高生活品味，享受人生樂趣！

姐妹們，妳真的無財可理嗎

如今，只想著做美女、才女是遠遠不夠的，還應做一個新時代的財女 —— 高財商的女性。一個不僅會賺錢、省錢，還會理財的女人，才能撐起屬於自己的一片天，也會擁有自己的幸福生活。

許多女性腦海中會有錯誤的想法：我沒錢，怎麼理財？面對這種想法，我並沒有吃驚，而是感覺女性理財的話題真的有必要開展下去了。

姐妹們，妳們真的無財可理嗎？

實際上，理財並不是富婆的專利，而是大眾女性需要掌握的一項技能，使用好這項技能可以讓自己的財富增值，實現財務自由。

一千元有一千元的花法，一萬元有一萬元的花法，甚至一個收入低到只能勉強應付日常開銷的人，同樣也能用正確的理財技巧換來結餘。當然，這需要根據自己的收入做出合適的理財規劃，合理支出每一分錢。下面是我遇到的兩個真實案例：

小雅，二十三歲，未婚，畢業於知名大學，長得好看。工作了僅八個月，每月收入四萬左右。

小沁，二十五歲，未婚，畢業於一所普通專科學校，普通女孩。工作已有兩年了，每月收入僅為三萬左右。

按說小雅每月收入四萬，比小沁多一萬元，應該比對方更具備理財的條件，但事實恰恰相反。她們兩人都是每月二十五號發薪水，結果同樣是半年，小沁存了五萬元，小雅只存下了不到四萬。其中問題究竟出在哪裡呢？

讓我們看看兩人的收支情況吧。

原來，小雅在衣食住行上的開銷都高出小沁，除去這些基本消費，小雅還會產生在娛樂項目和請客吃飯上的額外消費。如果算上這些，小雅的月薪四萬幾乎能全部花完。而小沁儘管月收入較低，但一切從簡，還強迫自己基金定投，基金收益日後也是很可觀的。

上述案例中自稱無財可理的小雅，難道是真的沒錢可理嗎？那為什麼收入較少的小沁卻有了一些積蓄？顯然，小雅並非無財可理，而是還沒有意識到理財在生活中的重要性。生活中，像小雅這樣的人還有很多。她們通常不到月底就沒錢了，甚至還要靠借錢過日子，成了名副其實的白領族——白領薪水族。

【立即行動】

千萬不要覺得自己無財可理，只要有經濟收入就必須樹立起正確的理財意識，時間久了，其效果就會顯現出來。如果每月從薪水中拿出五百元存入零存整付的帳戶，拋開利息，二十年後僅本金就可達到十二萬元，再加上利息，數目就更大了。如果再購買了正確的理財產品呢？

理財要趁早

許多女人經常會問我一個問題：什麼時候理財是最好時機？實際上，理財和學習本質是相同的，都是越早越好。我們的義務教育開展得很早，但是，並沒有涉及關於理財知識的啟蒙，這是理財教育的一大疏漏。

很多女人對理財不太重視，因為從小到大這些都是由父母親自操辦。女人經濟不獨立，也不懂得如何理財，所以在現實生活中很難養成良好的理財的習慣。直到有一天急著用錢了，而手裡資金不足，這才開始悔恨自己當初為什麼沒有存錢。那該怎麼辦？伸手向父母要，做啃老族？還是向男朋友要，提前讓他用金錢把妳約束在他的股掌之中？或者去銀行貸款，先把自己賣個好價錢？

女人要想擺脫這種局面，維護自己的自尊心，就必須樹立理財趁早的意識，轉變自己的陳舊觀念，作個財務自由的達人。具體方法可以從下面七個立刻行動開始。

1．立刻行動，養成每天記帳的好習慣

想成為理財高手，最重要的一步就是記帳。因為能從記帳過程中找出自己的消費惡習。

記帳的內容包括收入、支出、投資、交易等，讓自己的財務狀況數字化、表格化。這樣一來，妳可以清楚地記錄錢的來

去流向、資產狀態，第一時間發現自己的支出是否合乎理性、是否執行了財務規劃以幫助自己改進消費習慣、提升投資收益水準。

從這一刻起，調整消費觀，不要再讓自己入不敷出！

當然，記帳是繁瑣的，妳可能會記一段時間後就想放棄，但請想一想：我們基本上每天八小時都是為了賺錢而工作，可為什麼不花十分鐘來管理自己的錢呢？

2．立刻行動，馬上開始清償債務

開始理財的最佳狀態就是無債一身輕，沒有外債，心情才舒暢，才能開始理財規劃。

這個道理很簡單，如果妳負債累累，需要還信用卡透支額、房貸、車貸，還欠了親朋好友的債，妳會高高興興地去儲蓄、投資嗎？當然，正常的房貸和車貸利息比較低，而且如果妳目前沒有好的理財項目，最好還是提前還完。透過時間的檢驗，到時候妳會感謝當初自己所做的決定。

因此，從這一刻起，把所有的貸款、一切未繳的費用結清，就算在短期內不能付清，也要給自己設定一個規劃，以求盡快理出自己可以支配的錢。

3．立刻行動，絕不輕易透支未來的錢

透支是很多人習慣的消費方式，但這很可能會導致自己在

真正需要錢時陷入困境。一旦沒有及時還款，還會影響妳日後的信用度，得不償失。

因此，從這一刻起，要改掉這個壞習慣，不要成為一個名副其實的卡奴。

4．立刻行動，養成定存的好習慣

從這一刻起，養成每月、甚至每天或多或少儲蓄的好習慣。還記得小時候，我們都有一個存錢筒，每年過年時拿出來，似乎還不少。可惜，這樣的好習慣反而隨著年齡增加而放棄了。

股神巴菲特常常告訴人們複利指數成長的恐怖：一個人四十年前存一萬六千元，以後每年平均獲得百分之二十的投資報酬率，四十年後財富會成長為五千八百五十一萬元；如果每年都存一萬六千元，則四十年後財富會成長為幾億元。

雖然我們達不到這個複利標準，但假設我們每個月強迫自己存一萬元，那麼一年下來就是兩萬四千元，二十年下來就是四萬八千元，這還不算利息。假設這筆錢再拿去理財，二十年後的數字肯定很可觀。

因此，女人們，是時候養成定存的好習慣了！

5．立刻行動，從現在開始投資自己

對一位普通女性來說，什麼最重要？青春，容貌，小蠻

腰。這些如果有當然最好，如果這些妳都沒有，妳應該馬上為自己充電。

對於女性來說，最好的理財方式，就是投資自己。閒暇時間，盡量培養自己對投資、理財知識的興趣，如多參加一些理財課程的培訓，提高自我的財商；閱讀相關書籍，累積理財方面的知識；趁年輕，業餘時間可以多參加一些證照考試，在職場上這些是可以變成財富的。

我相信，在學習的同時，妳的職業生涯不僅會變得更順暢，而且妳腦袋裡也會隨時冒出錢，逐漸成為一個優雅與財富並存的女人！

6．立刻行動，多交善於理財的朋友

為了能更好地培養自己的理財習慣，女人要明白近朱者赤，近墨者黑這個道理。所以，從這一刻起，要盡量遠離亂花錢、無節制的朋友，要多和善於理財的朋友接觸，向他們學習請教。時間久了，妳也會受到他們的影響，而像他們一樣善於理財！

7．立刻行動，關注妳的身體健康

什麼是妳最重要的？答案肯定是健康的身體。

有了健康的身體可以省去看醫生的花費。如果身體健康，皮膚、神態、體型自然好，那麼花在健身、化妝、減肥用品上

的錢也自然就少。省錢就是理財，關鍵妳還獲得了健康，何樂不為呢？

理財要趁早，希望每個女人都能早早樹立起這種理財觀念，省得日後後悔。

【立即行動】

1．無論哪個職業的女性，只要從這一刻做起，學習並實踐上述方法，經過一段時間，就會發現理財其實並不複雜，與此同時，妳的生活品質也會逐漸提高。
2．明日復明日，明日何其多。如果想要真正提高自己的生活品質，讓自己的錢袋鼓起來，妳就應該立即開始學習理財。

不同的年齡，不同的理財理念

在樹立正確的理財觀後，我們還得認識一下不同年齡層的女性在理財方面的優勢和劣勢，及適合每個年齡層女性的理財方案。

第一階段：二十～三十歲的女人

這一年齡層的女性普遍沒有多少理財經驗，其中相當一部分女性幾乎沒有理財觀念。

她們沒有上有老、下有小的牽掛，賺得少，花得多。同時認為負債消費是一種比較前衛、時尚的理財方法。因此，該年齡層多見月光女神。

這個階段學習理財的時間寬裕，可以很快地接受新鮮事物，對於新知識能迅速地掌握，並且可以很好地運用。投資適應能力強，風險承受能力強，在理財市場敢於追逐高額的投資利潤，能夠把握住投資理財的良機。

但這個階段的女性剛剛接觸理財，目標還不夠清晰，判斷能力也相對較弱，理財心態浮躁，喜歡冒險，願意嘗試各種理財方式，但又時常懷疑自己的理財選擇。通常這個年齡層的女性投資理財偏於激進，不能很好地控制風險，同時經濟基礎比較薄弱，還渴望在短時間內獲得較多的理財報酬，失敗機率大。

理財建議：

1．首先要找一份穩定的、薪水豐厚的工作，為日後理財做準備。

2．一旦有了閒錢，可以將積蓄的百分之六十用於高風險、高報酬的股票、基金等金融產品的投資；百分之二十選擇定存或者基金定投；百分之十購買保險；百分之十存為活期，以備不時之用。

3．等透過以上兩個條件累積了一定積蓄後，就可以考慮買房，以備自己居住或者結婚用。

這個階段的女性遇事要學會理性地思考，慎重地選擇理財品種和理財方式，以開源為主，節流為輔，不要讓不良情緒影響到自己的理財決策。

第二階段：三十～四十歲的女人

這一年齡層的女性在消費習慣上開始發生變化，投資策略由激進變為攻守兼備。當生活經驗與財務水準達到一定高度之後，就要為子女和自己的老年生活作打算了。這個階段最大的開銷多為置產、購車及子女的教育基金，因此開始精打細算了。

這個階段的女性年富力強，經濟收入也隨之大幅提高。儘管日常的花費比以前有所增加，如買房買車，但是，由於賺錢的管道多了，收入增加的速度比支出的速度要快得多。她們具有一定的理財能力，擁有理財的平和心態，同時基本理財手法也駕輕就熟。

處在這個階段的女性，常常會主動出手，對理財目標的選擇相對來說較成熟，她們一旦選好理財目標，就會有較持久的耐心，風險承受能力也更強。

經過之前理財經驗的累積，她們逐漸擁有理財必需的經驗能力、財力資本及管理能力，而且有自信心，自身又具備很強的理財慾望，有理財衝勁，懂得尋找和發現理財的機會，理財能量旺盛，反應力強。這是女性個人理財的黃金時期。

這一階段的女性在理財方面也有不足：理財較為感性，理財過程中缺乏整體規劃，比較容易走入理財的盲點。

理財建議：

以存錢為主，適當擴大投資，投資策略慢慢由激進變為攻守兼備，為擴大理財投資創造物質條件，也為孩子、房子、車子做好全面的財務準備。

1．如果選擇置產，那麼買房的投資股票房貸不可超過總收入的百分之三十，不可過分追求資產的規模，要不斷檢查自我淨資產的情況；如果選擇購車時，一定要用自己的閒置資金或者以前投資理財的資金去購買，不可讓自己負債太多。

2．在不透支財務的同時，也更不能透支自己的身體，一定要勤加保養，還要給自己和另一半購買重大疾病及意外傷害保險。

3．堅持每個月拿出薪水的百分之十存入銀行，日常備用。

4．如果妳不缺錢，可以嘗試涉足更多的理財領域，如外匯、黃金投資，古玩、字畫等藝術品收藏。

第三階段：四十～五十歲的女人

這個年齡層的女人，面臨著上有老，下有小的尷尬局面，她們往往飽受工作壓力、經濟壓力和精神壓力的折磨。

這個階段的女性的主要開銷就是改善住房條件、準備子女教育資金以及晚年養老金，是重要的資產形成期，所以這個階段理財一定要慎重。

理財建議：

1．這個階段的女性如果正面臨債務纏身的局面，那麼首先就是列出一張負債表，整理各種貸款，然後從高利息的債務開始償還。

2．投資個人的養老帳戶，透過不同的投資組合，不斷轉變為養老金，讓自己體面地進入老年生活。

3．收入不要全部存到銀行，可以拿出大部分資金選擇穩健的投資產品，如國債、短期定期理財等。運用分散的投資組合降低風險，以獲取穩定的收益。

4．這個階段的後期最好購買一些住院醫療保險、重大疾病及癌症險。

【立即行動】

無論妳是哪個階段的女性，都需要理財；不管妳是想留住青春還是財富，都得透過正確的理財才能實現。馬上加入理財娘子軍吧！

有錢的女人就是幸福

許多女性都希望過上這樣的幸福生活：擁有一套豪華舒適的房子，能在家裡聽聽喜歡的音樂，做做瑜伽；出入有高級轎車相伴，在和煦的陽光下，陪著老公、孩子馳騁在郊外；連假可以去豪華餐廳，享受浪漫的燭光晚餐；每年旅遊兩次，盡情享受屬於自己的時間……只要嘗試理財，妳就可能享受這樣的生活。這不是理念，是觀念。

有次上課，我遇到一個正在寫文案的業務，其文案是這樣的：

那一年，我咬牙擠出了頭期款的錢；第二年，我省出了投資股票的錢；第三年，我開始收房租了；第四年，我已經習慣買房了……回頭我才發現：身邊沒買房的朋友，也沒錢了！而那些買了房的人也沒缺什麼，最終還累積了一大筆財富。為什麼呢？

這文案夠吸引人的，看得一般人都想去買房了，這就是理財的力量。其實，在我身邊也有一個這樣的案例。

馬婧，我尊稱她馬姐。

馬姐長相漂亮，有身材、有頭腦還有錢，打扮時尚，談吐優雅。她有一雙活潑可愛的兒女，有一個愛她的老公，他們一家經常出國旅遊。她喜歡健身，有一臺瑪莎拉蒂，有一棟很有個性的別墅，還有時間做自己喜歡做的事。

馬姐是眾多姐妹夢寐以求想做的女人。唏噓、羨慕之餘，她們並不知道背後的這一切都源自理財。馬姐是理財高手，我根本無法和她相提並論。

二十年前，馬姐剛開始工作；三年後，透過努力她，終於找到了一家薪水還不錯的公司。這樣收入相對穩定，除了日常的開支外，尚有一些餘款，屬於普通小資族。在周圍的人還沒有理財觀念的時候，她嘗試將這部分資金盡量保值增值，並思索出一套適合自己的投資方法。

首先，馬姐拿出一小部分閒錢做最保險的投資，也就是存入銀行。不過，她不是單純地把錢存起來，而是精心選擇了一種自認為最佳的儲蓄組合：百分之五十存一年期，百分之三十五存三年期，百分之十五存活期，這樣儲蓄就可以滾動發展，既靈活方便，又便於隨時調整最佳投資方向。

其次，她拿出剩餘閒錢中的百分之三十購買國債，從客觀的角度分析，國債不僅利率高於一般儲蓄，而且還具備提前支取且按實際持有天數的利率計息等優點。

再次，她又用剩餘閒錢的百分之五十投資基金。一般而言，基金具有專家理財、風險分散且報酬較豐厚等優點，年收益較高。

最後，她還用剩餘閒錢的百分之二十購買保險。馬姐覺得，購買保險也是一種投資。例如，投資養老分紅型保險，不僅能夠保障人身安全，而且也是長期投資增值的過程。就這樣，她運用自己摸索出的投資法，不僅使得閒錢保值，而且還獲得了很高的收益。

兩年後，馬姐已經深深感受到了理財所帶來的便利與快樂，接著她又開始尋找更適合自己的理財方案。縱觀時局，她認為單純把錢短期存到銀行利率很低，長期存儲資金流受到限制；炒期貨或者炒股票的風險太大，不能盲目投資；投資藝術品，她也不懂 ...... 想來想去，她決定投資房地產。

當時，馬姐其實也沒有多少錢。第一間房是老公公司補助的，後來發現很多新同事都在外租屋，於是她就在離市區稍微有點遠、但交通相當便利的社區買了三間房。

馬姐的眼光獨到，別人都買大房子，她卻買了三間小坪住房。當時是預售屋，她所購買的三間房子又處在位置較好的樓層。後來，三間房子很快就租了出去，每間月租四萬元，讓她每月有十二萬元的收入，這筆收入除了投資股票還有剩餘。

一眨眼，十年光景過去了，三間房的剩餘貸款已還清，她又把三間房全部出售，現金結餘上千萬。

最讓人嫉妒的是，馬姐在出售房子之前就不惜重金參加各種炒股、炒期貨的培訓，累積了深厚的投資經驗，大約學習了五年之久。房子售出以後，馬姐把上千萬現金中的一大部分投入了股市，一小部分投入了期貨。

後來，馬姐利用自己學習多年的知識，全部拋售了手裡的股票，帳戶餘額一億多。又把這一億多放到了貴金屬期貨裡，現在的資金已經達到十幾億。

如今的馬姐，不僅事業有成，而且還有一個幸福美滿的家庭，每年遊歷於世界各地，出入豪宅別墅、高級轎車和豪華養生會所，自己保養得跟二十七八歲的女人一樣，真可謂是幸福圓滿。

猜測也好，質疑也罷，如今，馬姐依然每天堅持學習六個小時的理財課程。姐妹們，這一點妳能做到嗎？

也許有人會憤憤不平：我找一份高薪工作，再找一個疼愛自己、有經濟實力的老公，就幸福了。

或許妳說得沒錯，如果妳能做到的話。

不過，一個經濟上不獨立，什麼都靠第三方的女人，這樣的幸福不免令人質疑。如果妳是一個會理財的女人，那麼妳不僅能經濟獨立，還能為家庭奉獻，這樣的女人才是最幸福的。

有錢的女人會比沒錢的女人幸福，因為起碼財務自由，能夠有效地支配自己的金錢，得到自己想要的東西。有錢的女人，不必為了一件衣服向男朋友或者老公哀求；有錢的女人，可以經常出入健身房、美容會所，讓自己永保青春；有錢的女人，可以隨心所欲踏上自己喜歡的旅途；有錢的女人，可以給予親人經濟上些許幫助。

【立即行動】

雖然金錢並不能購買幸福，但有錢的女人確實更容易獲得幸福。因此，想要幸福的女人趕快行動起來吧，努力創造財富，認真理財，打造屬於自己的幸福生活！

想要有錢，先要脫離月光族

月光族的基本特徵是：賺多少花多少，穿、用名牌，銀行帳戶處於虧空狀態，不懂得節流，總喜歡說賺錢就是拿來花的。她們甚至錯誤地認為會花錢的人才會賺錢，所以每個月辛苦賺來的錢總是會花得精光。

月光族女性，看上去活得瀟灑、多姿多彩，實際上這是一種被動的生活方式。經濟上存在著巨大的隱患，沒有一點存款，資金鏈無法持續。

沈小姐畢業於名牌大學，畢業後在一家金融公司工作，月薪二十萬，除去每個月的房租、生活費，剩下的錢幾乎都花在了買衣服上，有時候還會在酒吧小酌兩杯。一個月下來，二十萬往往不夠花，有時候還需要跟好友借錢來生活。工作兩年了，她基本沒有什麼存款。

沈小姐今年已經二十五歲了，她希望找一位有一定經濟實力的男友，並希望對方最好有一間房。難道沈小姐真的不需要一定的儲蓄嗎？假如她能嫁一個金龜婿就算了，倘若嫁給一個收入一般的丈夫，以後的日子恐怕就不輕鬆了。

王小姐，三十五歲，在臺北信義區做保姆，每月收入三萬五千元，扣除吃、住等日常開支，她每月仍堅持給家裡寄一萬元。試想，沈小姐的月收入是王小姐的數倍，可是兩年下來，王小姐有了二十萬元的積蓄，而沈小姐還是囊中羞澀。這是為什麼呢？

上面的案例，反映出積少成多理財觀念的重要性。年輕的職場女性不僅要懂得理財，還要懂得積少成多的道理。

【立即行動】

理財是一個長期的過程，並不是瞬間就能產生效果的行為。不積跬步，無以至千里；不積小流，無以成江海。只要長期堅持，就能逐漸體會到理財為生活所帶來的好處。

三十五歲之前，存出第一個一百萬

女人要想成為有錢人，有捷徑嗎？答案是有的。

第一種形式：嫁給有錢人，這樣就不用理財了，如果妳能做到當然很好；

第二種形式：靠運氣，買樂透中個兩千萬，似乎根本不現實；

第三種形式：靠自己努力，學習理財知識，達到財務自由。這個途徑看起來任重道遠，但人人都可以朝著這個目標去做。

看來我們絞盡腦汁想到的這三種途徑，可靠的也只有最後一種。

既然如此，那就自訂一個目標吧：三十五歲之前，存出第一個一百萬。

這裡所提到的一百萬只是個代表數字，其意在想要自己清楚：我到底有什麼樣的理財計畫？

我還記得剛剛開始工作不久，生活過得很愜意，大學老師的薪水還算可以，並且還有充足的時間。於是沒事就邀請閨密一起吃飯，一起 KTV，一起喝下午茶；每當商場換季打折時，姐妹們一起大包小包去購物，每個月的薪水幾乎都能用得差不多，然後就悔恨自己不懂得節省，再然後就是為自己找理由：自己還年輕，賺錢的機會還很多。

三十歲的時候，有一個多年未見面的高中同學來找我，我自然接待。一見面，我感覺她和上學時一樣土，不懂得打扮。我心想，她的日子一定過得很清苦，於是請她去酒吧，卻被她拒絕了。按照她的建議，我們就一起去了附近的公園裡聊天散步。

剛開始，我確實有點看不起她，覺得她不懂得穿衣打扮，不懂得消費；後來聊天我才發現，這位貌不驚人的女同學，居然在三十歲之前積存了人生中的第一個一百萬。畢業後她每個月所賺的錢，除了部分定期存款之外，還拿出了一部分錢投資自己。

她上學的時候就喜歡西班牙語，於是利用業餘時間報考了西語證書；她還獲取了心理諮商師的資格；她喜歡在網路寫文章，日積月累被出版商發現，三年出版了三本言情小說，銷量還都不錯。由於她的西班牙語出眾，沒事兼職做做翻譯增加收入。再者，她還有心理諮商師資格，經常被其他公司聘請去上課。

她用自己賺來的錢不斷地投資理財，現在存了很多錢，她能獲得的幸福指數絕對比我高。

透過這次聊天，我突然發現：三十歲的我還在糾結要不要孩子，還不敢做自己喜歡的事情，還買不起房……我下定決心，一定要千方百計地節衣縮食，三十五歲之前要存到一百萬元。這不是比財大氣粗，而是比理財有沒有計畫，否則再過十年，我和同年齡的朋友相比，在財富上的差距會越來越大。

只消費，不投資的女人，最終會跟不上時代。三十五歲是個分水嶺，如果妳找了個有錢的老公自不用說，但假設妳是一個普通女性，或者妳是一個離異還帶著孩子的母親，妳就會痛恨自己錢太少，痛恨自己當時為什麼不知道錢的重要性。

很多年輕女孩寧願不吃不喝，也要買個名牌包包來彰顯自己，到最後還是得犧牲寶貴的年輕去賺錢還卡費。如果妳屬於這個族群，在此提醒妳先不要急著為自己的虛榮買單。在還沒有擁有第一個一百萬以前，控制開支仍有必要。

在三十五歲以前存到人生的第一個一百萬並不難，這一百萬可以指手上的可用現金加上不動產的現金價值。我計算過，一個二十七歲的年輕人，只要每個月存八千塊，投資在報酬率有百分之五的理財產品上，三十五歲就可以擁有一百萬元。

早日累積到人生第一個一百萬，才能提早用錢生錢。畢竟，談到理財之前還是得先有財可理才行。

【立即行動】

還年輕的妳，請不要急著消費，要學會存錢，有了錢才能夠去理財，不要反覆重蹈無財可理的過程。從現在開始，為自己樹立一個理財的目標——三十五歲之前存夠人生第一個一百萬。這個階段可能需要五年或者十年，但只要賺到人生的第一個一百萬，那麼第二個一百萬會很輕鬆水到渠成。

經濟獨立，自信微笑

人們都說現在的女人是半邊天，但實際上，只有在財務上獨立的女人，才能在親朋好友面前露出自信的笑容。因為有了一定的經濟能力，生活才有動力，才能更快地實現自己的夢想。女性應該掌握理財和生存技能，自立自強，這樣才能在持家立業上與丈夫平等對話。

梁女士是我的一位學員，她是一位美麗的白領。

起初，她在一家外貿公司工作，每個月薪水在十萬左右。可她每個月做頭髮要花兩千左右，做臉、健身、按摩最少花費兩萬元，買條名牌裙子要近五萬元，加上吃住及生活用品的開銷，幾乎每個月都一分不剩。

她一直想嫁一個金龜婿，以後就靠老公養，成為一個名副其實的小女人。一年後，她真的如願了，在一次工作中她結識了張先生，相處一段時間後兩人結了婚。張先生是一家私企的總經理，年薪豐厚，當然能滿足梁小姐的消費。於是梁小姐辭去了工作，做起了全職太太，各方面花費都依靠老公供給。

梁小姐每天都過著悠閒的日子，朋友都很羨慕她嫁了有錢老公，不用辛苦工作，那段時間她過得十分愜意舒適；可久而久之，張先生越來越覺得梁小姐是自己的拖累，從此每月只給她很少的日常開支，偶爾心情好了，才會多給她一點。時間久了，梁小姐也漸漸變得不像結婚前那麼開朗了，對生活也失去了激情。

再後來，梁小姐在朋友的一再鼓勵下，重新返回了職場。每月不僅有了固定的薪水，可以掌控自己的財務，買一些喜歡的衣服，或者和閨密一起去旅行。雖然不像以前那麼奢靡，但起碼再也不需要伸手向老公索求。而自從梁小姐財務自由以後，張先生似乎比以前更加喜歡她了，總是時不時給她一些驚喜，日子過得很開心。

女人就得依附男人生活嗎？雖然說現在的女性依然會照顧家，但卻不再是家庭的長期保姆了，她們也會工作，也會要求經濟獨立。

第一，經濟獨立能增強自信心。

一個女人如果不工作，經濟不獨立，生活開銷靠男人，她會覺得生活沒有激情，對自己缺少自信心。只有經濟獨立的女人，才是最自信的，起碼她們沒時間去考慮瑣碎之事。

第二，經濟獨立能增加安全感。

假設女人有自己的經濟來源，心裡自然會有安全感，也就不用害怕生活的變故了。

第三，經濟獨立能獲得尊嚴和認可。

經濟獨立是一個人有能力的標誌，特別是女人，不僅在家裡有地位，在社會上也會被人尊敬並得到認可。

第四，經濟獨立能改善生活。

經濟受制於人的女性，消費就會有點彆扭，長此以往，生活品質就會打折扣。

第五，經濟獨立可以擁有話語權。

如果妳經濟不獨立，總是靠他人，那麼遇到大的開銷時，就不能獨自去作決定，需要徵求老公或者家人的同意，因為錢不是妳賺的。

第六，經濟獨立可以提升存在感。

經濟不獨立，妳怎麼能夠想做什麼就做什麼。即便幫助娘家人也得偷偷摸摸，想和閨密一起消費，玩的時候開心，回家還得告訴老公一聲。活得這麼委屈，哪還有自我存在感？

因此，我建議：女人一定要有一份屬於自己的收入，不管妳外表條件如何，也不管妳家境如何，都要牢牢記住，獨立的工作和經濟來源是獨立人格的體現。

大家切記：長得漂亮是妳的優勢，活得漂亮才是本事，能獨立的女人才是最有魅力的。

【立即行動】

每位女性都應當適時為自己充電，不做寄生蟲，要掌握理財能力和生存的技能，自立自強，在立業持家上展現出巾幗不讓鬚眉的小財女風采。

女性理財從好習慣開始

先哲說過，生活總是被各種各樣的習慣左右。例如，吃零食是一種習慣，喝酒是一種習慣。同樣，節約是一種習慣，浪費也是一種習慣。一直以來是習慣在左右著我們的生活。好的習慣，如節儉、勤奮等可以成就事業和生活；而不良習慣，如吸毒、懶惰等則可以毀掉妳的一生。

由於年齡、職業、受教育程度、所面臨的處境等情況各不相同，所以職場女性的理財習慣也有著較大差別。

姍姍，七年級生，畢業於名牌大學金融系，是位理財精英。股票、基金無不通曉，每月收入達到五萬以上。她還不間斷地堅持定投基金，還有不少存款。她在理財的同時也享受著生活，經常和朋友吃喝玩樂，並且和男朋友一起購買了一間房子，有了一個溫暖的家。

怡君和姍姍是校友，也是七年級生，外文系，學習成績優異的她卻不會理財。畢業後換了多次工作，現在每月收入兩萬五千多元，對基金、股票等一切投資理財知識都非常陌生，幾乎沒有存款。她從未考慮過理財，每月領到薪水就去購物，參加每週的朋友聚會。她只要有錢就去消費，往往是在下月薪水發放之前，口袋裡已經乾乾淨淨了。她認為，理財不重要，懂得享受每一天的生活更有價值。

姐妹們想要過上美好、安逸的生活，就要養成良好的理財習慣。它是關乎生活是否安逸的重要條件。同時妳們要改掉浪費、無計畫消費、透支消費等壞習慣。具體地說，我們應該培養哪些理財的好習慣呢？

1．利用 APP 記帳的習慣

記帳是一個好習慣，把自己的收入及支出以文字的形式記載下來，明白錢是怎樣來的，又是怎樣去的。對照去年和今年的帳，看看有哪些區別，哪些錢該花，哪些錢不該花。這是理財的初級階段。

手帳記錄或者 APP 記錄都是可以選擇的方式，但對於現代人來說，利用 APP 記錄更加簡單便捷，因為可以無須考慮攜帶、記帳是否方便等問題。

我們只要消費，就立即打開 APP 記錄。對於剛開始記帳的朋友來說，每一筆的開銷都應該詳實地記錄下來，目的就是讓自己形成時刻記帳的習慣。

2・堅持投資的習慣

對一般女性來講，培養堅持投資的習慣才是理財的真正開始，比如定存儲蓄、定投基金、購買分紅型保險或者金融理財產品等，先投資一些低風險、保本型、有收益的理財產品。

俗話說：一百元有一百元的投資方法，一萬元有一萬元的投資方式，適合自己的理財產品才是最好的。培養投資的好習慣，只要妳能堅持下來，長此以往，妳的經濟狀況一定會得到改善。

3・節儉的習慣

節儉是美德，更是樹立理財理念的保障。很多女性認為，錢節省不下來，總有該花的地方。其實這是藉口，很多時候是可以養成節儉的好習慣的。例如，可以控制自己少叫一次車，少逛一次街，少做一次按摩……這樣都能省下錢。積少成多，積沙成塔，小錢逐漸會滾成大錢。

4・分清我想要和我需要的習慣

很多女性都有個通病，那就是分不清我想要和我需要，不知道哪些是想要的，哪些是需要的，結果總是讓自己入不敷出。事實上，理性的消費應該建立在我需要，有餘力才能應付我想要。但很多女性卻在我想要和我需要之間暈頭轉向，直到最後被物品所俘虜。

小梅在某國企的比利時分部工作，長相漂亮，卻不懂得理財，最享受我想要的感覺。雖然薪水豐厚，但也抵不上她時不時往法國跑，每次回來都是大包小包的各種名牌。記得有一次我和她一同去法國出差，結果她的信用卡被刷爆了。還有十天才發薪水，小梅已經沒有可支付日常生活花費的餘錢了。

最後，她只好把自己心愛的 LV 包包低價賣給一個朋友。當時這可是花了她五萬元，但她分不清我想要和我需要的區別，只好忍痛割愛以一萬多轉讓了。那天晚上，小梅笑臉求人購買，然後一週都處於情緒低落的狀態。

分清楚我想要和我需要，是妳邁入理財殿堂的第一道門檻。

5．學習理財知識的習慣

一個不捨得投資自己，不懂得用知識武裝自己的女性，在現實生活中，很可能會在投資過程中遭遇詐騙。一個不懂得保險知識的女人，妳怎麼能挑選出適合自己的險種；一個不明白股票為何物的女人，妳怎麼能找到好股票；一個不懂得本息均攤和本金均攤的差別，妳又該如何選擇貸款方式。

【立即行動】

態度決定行為，習慣影響結果，理財尤其如此。良好的理財習慣，是獲取財富、享受人生的有力保證。

理性看待負債消費

其實，負債既不時尚，也不丟臉，重點在於如何有效管理負債消費。首先要計算好可負擔的額度，再擬訂還債計畫，這樣負債也可以成為平衡現在生活與享受的未來工具。

這讓我想到了一段陳舊的故事：

一位西方老太太五十歲時，住在自己二十年前用貸款買來的房子裡，欣慰地說道：我終於還清了買房的貸款，它終於完全屬於我了！

一位東方老太太五十歲時，用自己一生的儲蓄購買了一所房子，於是她也欣慰地說：奮鬥了好幾十年，我終於有了自己的房子！

故事雖舊，但其折射出了：東方女性的消費理念：不喜歡借債度日，認為一旦借債就矮人一截，有沉重的負擔，而在沒有還清債務前，生活也總是不得安寧。其實，只要轉變理財觀念，在具有豐富理財經驗的理財師的指導下，也可以透過負債消費提前享受更好的生活。

例如，現在大多數銀行都推出了汽車、住房、旅遊、耐久財等多種消費信貸業務。這種信貸業務幾乎涉及人們居家生活的各個方面，且手續也在不斷簡化。

因此，也有越來越多的女人開始負債消費，在社會不斷向人們灌輸小康生活觀念的同時，人們也心甘情願地當起「負翁」，接受那些寬敞明亮的住房、時尚前衛的汽車、高級名牌的時裝等各種誘人的消費資訊。

三十二歲的沈小姐是負債消費人群中的一員，她在信義區購買了一間一千多萬元的房子。沈小姐認為，貸把應該交給房東的租金變成了自己房子的投資股票，何樂而不為？二是這個地段緊鄰市政府，有很大的升值潛力。

沈小姐透過負債消費，提前買房。她在談起這件事時說道：「負債消費」讓我提前享受到了可能需要再打拚二十年才能過上的生活，我很高興！

沈小姐這次負債消費，可謂是經典理財行為，而她的這間房子市值已經達到了兩千多萬元。

沈小姐眼光獨到，她感覺房子這個價格已經差不多了，她打算等年底社會保險連續繳納五年後，把房子高價出售，然後再在離臺北市區不遠的板橋繼續貸款一間房子，這樣也算是在雙北有了自己的家。

那些仍在為將來的美好生活努力打拚的女人，何不效仿一下沈小姐？但在享受之餘，也要時刻警惕負債消費的風險。某些年輕女性在提前消費時，片面追求潮流，而不顧自身經濟的承受能力，使自己和家庭都背上了沉重的包袱，影響了幸福感。

小雅今年二十九歲，是一名地區小學的體育老師，月收入三萬五左右。前幾年她買下了一間房子，成為「負婆」。由於小雅的丈夫沒有固定工作，加上他們三歲的女兒要上幼稚園，家裡的全部生計幾乎全壓在了小雅的肩上，每月僅還房貸就需要支付給銀行一萬元。小雅說：現在工作完全是為了生活，與我買房之前的想法大不一樣。以前，我還想做一些自己感興趣的事情，而現在想得更多的是怎樣在正常工作以外，多賺些外快來貼補家用，自己每天像個機器人一樣地高速運轉，太累了。

現實生活中有很多像小雅這樣的負債人，她們在不富的情況下選擇了「加負」，在沒錢的情況下選擇了超前，過上了所謂有房有車的幸福生活。

客觀地講，負債消費的確解決了不少人的實際困難。例如，一些都市年輕人由於沒有自己的固定住房，不得已和家裡幾代人擁擠在一起生活。有了負債消費，花明天的錢做今天的事，才幫他們解決了苦惱。

但是，除了敢花錢，更重要的是會花錢，要明白負債消費的投資股票最好控制在月收入的百分之三十～百分之五十，最高比例不能超過月收入的百分之五十，否則將會觸碰到紅線。

如果自不量力，超過償還能力的警戒線，就有可能給生活帶來巨大的壓力。

雖然負債消費有好處，但是也有不容忽視的缺點。如果不能理性消費，就不能科學地理財。因此，女人在選擇負債消費時要明確以下兩點。

1・借錢的目的

借錢的理由是什麼？是投資、置產還是消費？應該在負債消費前確定好借錢的目的，再安排借錢來源與還款方式。

(1) 投資。投資的報酬率一般要高於借款利率。投資報酬率高於借款利率時，可發揮財務槓桿作用讓資產加速成長；反之，則會導致家庭財務狀況惡化。

(2) 置產。以置產為理由的借貸，建議採用的方式是本息平均攤還，有錢要優先償還。

(3) 消費。看到想要買的東西卻無力購買，很多人都會有心癢難耐的感覺，便會借錢來消費。如果購買的是耐久財，可視為置產，以分期付款的方式來享用，付款年限不要超過消費品的使用年限。如果購買的是消耗品，要遵循盡快還清的原則。

2・可借的金額

在利率成本的合理計算下，能借多少錢取決於收入能力與資產價值。這裡有一個公式可作為參考：

可借最大額度 = 收入 × 信貸倍數 + 資產 × 借款錢數

銀行在核定信用貸款時，以收入能力為最主要考量因素，所謂的收入能力通常是以月收入的 3 ～ 10 倍為基準。抵押貸款則按抵押標的物的價值來決定貸款額度。

俗話說，條條大路通羅馬。女人只要合理地選擇負債消費，做好家庭財務管理，就能享受到負債消費給自己生活帶來的變化。花明天的錢享受今天的生活，這個理財理念把握好了會令生活增色，把握不好卻會傷害到妳。

【立即行動】

有時候適度的負債消費對於促進理財和享受生活是有幫助的，但切勿脫離自身的承受能力，也不可不顧實際需求盲目地過度消費。

走出理財盲點

下面介紹關於女性理財的幾個盲點，希望對準備理財和正在理財的女性有所幫助。

1．男主外，女主內

從正確理財的角度來說，夫妻雙方因為理財觀念和掌握的理財知識不同，兩人的理財水準肯定有所差異。所以不論男女，不論收入的高低，誰擅長理財，誰就應該掌握家庭的財權。如果因此發生衝突，不妨比試一下，把家裡現有資金分成兩份，夫妻各持一份理財，一年之後誰的收益高，誰就可以理直氣壯地當家做主。

2·盲目投資跟風

許多女性在理財和消費上會盲目跟風，經常跟隨閨密好友選擇相似的投資理財方式。例如，聽說小敏玩股票獲得了很高的收益，於是不顧風險以及家人的勸阻就盲目買進，結果被套牢。這樣跟風理財還不如不理，它不僅影響到了家庭關係，而且錢也沒了。

邢小姐做服裝業，人緣很好，家中經常是高朋滿座。雖然她學歷不是很高，但還是存了一些錢。前一段時間，看著周邊的親戚朋友都在炒股、置期貨，一個個賺得錢包鼓鼓，邢小姐甚是羨慕。於是，一個連股票還沒弄明白的女人，竟然將五十萬投入到期貨市場，夢想著收入幾天可以翻倍，結果是不但五十萬不到一個月蒸發完，不得已還抵押了商店。

3·害怕風險，尋求穩定

因受傳統觀念的禁錮，很大一部分女性不喜歡帶有風險的投資，她們通常選擇把錢放到銀行，感覺銀行最保險。這種理財方式雖然風險小，但獲取的利益和物價上漲不成比例，甚至有時候是負利率。

所以為了與當下形勢保持同步，女性要適當更新自己的觀念，要轉變只求保險、穩定，卻不看收益的傳統理財觀念，積極尋求多樣化的投資管道，選擇既相對保險、收益又高的理財方式，如定投式基金、各種債券、股票等，盡量增加家庭的理財收益。

4．亂槍打鳥

分散投資、降低風險是大多數女性理財的盲點。在這種思想的引導下，她們購買部分股票、債券、外匯、黃金、保險，將全部資產平均或不平均地分配在每一種投資管道中，認為總有一處能賺錢。

廣而全的理財方式的確有助於降低投資的風險，可是預期的收益肯定會大大降低。著名經濟學家凱因斯建議：讓有限的資金產生最大化的收益，就是把雞蛋集中放在優質的籃子中。

5．把保險當投資

我有個朋友，她經不起銀行大堂經理的哄騙，一下子買了保費一百五十萬元的保險。我問她為什麼要買？她的回答很可笑：因為經理說這份保險是分紅型的，而且收益很可觀。我又問：妳買保險是為了投資還是為了保障？週期多久？收益大的保險，那麼保障性是否也高？一連串的發問，我的朋友臉色蒼白，一句也答不上來。還好，購買保險後在猶豫期裡可以隨時退保。朋友第二天趕緊退了保險，回家瘋狂惡補保險知識。

不懂保險的人總覺得保險是用來投資的，其實這就大錯特錯了。保險重保障、輕投資，妳不能僅僅為了保險的投資功能而投保，卻忽視了保險為保護生命財產安全的基本功能，當然保險也是理財的最低標配。

【立即行動】

不要盲目投資，要找到適合自己的正確的理財方式，讓自己獲得更多的財富，這樣才能做一位經濟獨立的小財女！

第 2 堂課
從今天起，做新時代省女

理財宣言

會花錢不是本事，懂省錢才是優秀的女性，要以做月光女神為恥。一個幸福的女人，必定是一個會省錢的女人。

做花錢少少，吃得好好的女性

民以食為天，但假如在吃上面毫無節制，就算是有金山銀山，也有花完的一天。因此，把好嘴巴這一關，就等於攻克了日常節省中的第一關。

昱婷在一家證券公司上班，每月收入近四萬元。即便如此，昱婷還是沒有什麼積蓄，為此她非常苦惱。在同事的建議下，昱婷開始嘗試每天在手機 APP 上記帳，想看自己的錢是怎麼花掉的。

記完一個月的帳，昱婷才發現自己的錢大部分都花在了吃上。原來昱婷每天中午都是在公司附近的餐廳吃午餐，平均花費一百多元；有時候不去餐廳，就會打電話叫外送，比如麥當勞、肯德基，或者披薩，花費也不少，僅午餐支出每個月就是五千多。每天下班後，她還需要擠公車、捷運，感覺非常累，回到家根本不做飯，回家早的話就在家附近的餐廳吃，晚的話就繼續叫外送，這項支出有三千多。然後，每週和閨密一起逛街，人多時就聚餐，人少時就簡單吃，這一週下來又得花費兩千元左右。昱婷時不時還逛逛超市，買零食，這項花費也超過了一千多元。而買回來的零食不是沒有吃完，就是買回來忘記吃，最後丟掉了。

以上開銷只是昱婷的「嘴上功夫」，這就差不多一萬兩千元了，還沒有算其他的購物支出。如果昱婷繼續這樣過日子，那麼手裡的積蓄增速肯定會很慢。

如今的白領女人工作忙，壓力大，早已成為了常態，因此很多女性都選擇去餐廳吃。事實上這並不是一個好現象。長期在外吃飯，不僅花費大，而且還可能會損害身體的健康。如果只能是單純的身材走樣還無所謂，可一旦患了高血脂、高血壓、高血糖、胃病等疾病就得不償失了。

反之，會理財的女性不僅吃得健康，而且還花費得少，節省了大筆鈔票的同時，還擁有了健康的身體。

1．遠離垃圾食品

如今，生活節奏越來越快，各種速食店應運而生，如麥當勞、肯德基、必勝客等，殊不知這些食品除了能充飢、解饞之外，長期吃這樣的食物身材也會變得臃腫。

2．抵制打折的誘惑

在如今打折風盛行的時代，許多人都經不住打折的誘惑，一看到超市或者是廠商推出特價銷售限時搶購等活動，就控制不住前去購買，總感覺不買就虧了。實際上促銷活動中的食物大多是即期品，如果無法及時吃完，不僅會造成不必要的浪費，還會損害身體健康。故女人要以自己的需求為主，不能被商家的打折活動綁架。

3．每天帶一份營養工作餐

很多職場女性都會遇到這樣的問題，上班的地方在高級地段，公司附近的餐廳吃一頓飯至少需要花費一百元。但如果去價格相對便宜的小攤販，衛生狀況又令人擔憂。

因此，上班自帶午飯是白領女人不錯的選擇，不僅營養而且實惠，還可以培養自立能力。

4．朋友聚會，算清楚不丟臉

許多人認為，與朋友難得聚在一起，當然要吃好喝好，同時考慮面子問題點了很多菜，造成了一些不必要的浪費。

應酬時女人應該把握好尺度，不要只圖一時面子，招待完朋友後又心疼不已。任何時候都要牢記：量入為出，不要為了面子問題而花費過多。切記：錢是妳的，資源是大家的，如果妳交的朋友明事理，他們是不會計較的。

【立即行動】

1．在家裡適當儲存一定量的食物，以備急需時充飢，而不吃外面熱量極高的速食。
2．自己動手下廚做飯，不僅能保證食物營養，而且能提高自己的廚藝，節省開銷，一舉兩得。
3．上班時少在外面就餐，可以選擇帶飯。
4．少吃宵夜，既健康又省錢。

居家巧裝飾，省錢又溫馨

提起居家裝修，很多女性都會抱怨開銷太大了挑選的東西不合適，裝上去不好看，還得再拿下來……怎樣才能花最少的錢營造一個溫馨舒服的家呢？感覺是一件非常困難的事情。事實上，只要費一點心思，有自己獨特的創意，無須花很多錢就能夠讓家煥然一新。

一名居家節目主持人 W 小姐，在其節目製作過程中累積了豐富的家居設計及裝修經驗，讓她家的裝修別具特色：

在客廳的正中央，紅色的真皮沙發與金絲楠木的中式茶几和諧地擺放在一起，而過渡品則是一把舊式的樟木箱子。她將它變成了實用的邊桌，並用一條舊皮裙改造，這種信手拈來的靈感體現出她的巧妙心思。

進門處左手邊有一面牆壁，上面張貼著兩張報紙。那兩張報紙是 W 小姐與丈夫出生當天的報紙，非常有紀念意義。在入門處正對面的牆壁上，掛了很長的一組照片，上面都是她與愛人從兒時到現在的照片，記錄了兩個人的成長經歷，有一種穿越時光夫妻注定相遇的味道。

在客廳沙發旁擺放的老舊柳條箱，比 W 小姐與丈夫的年齡都要大。裡面放著她丈夫小時候看過的小人書和畫冊，儘管書頁泛黃，柳條箱也顯露滄桑，但卻多了一份歲月沉澱下來的恬靜。她家這樣的老舊家具還有很多，它們經歷過歲月的洗滌，散發出一種優雅而沉靜的氣質，是任何年輕、誇張、絢爛的物件都難以比擬的。

W 小姐家還有很多舊物翻新的設計。餐廳的一個角落，未裝修前曾經有一根很粗的管線。一般人都會想著如何將水管藏到牆裡，但・她認為多出來一個直角並不理想。於是巧妙地利用這個管線設計出了一扇落地黑色櫥門，剛好將家中的老電視放了上去，並將下面的空間用幾層玻璃板做成收納功能強大的收納空間，這樣不僅實用而且美觀。

沙發旁的手繪茶几也是舊物改造而來的。W 小姐說：在裝修新房子的過程中有很多東西看似無多大用途，但巧妙處理後也許能夠發揮更大的作用，重新煥發出光彩。正是在這一理念的指導下，才使她的家雖然花費不多，但卻處處散發著溫馨、浪漫的氣息。

讓自己的家變得更溫馨不在於花費多少錢，而在於花費多少心血。這也屬於理智消費的範疇。那麼，巧妙裝修自己的家應該從哪些方面入手呢？

1・從家居小飾物著手

小飾品是令家居煥然一新的重要道具。可愛小抱枕、精美擺飾、漂亮的桌巾、電子相框、復古花瓶、玻璃器皿等，這些小物件放在家中可以使家居看上去更有生氣。另外，還可以購買小盆栽，令家中綠意盎然，讓居住在其中的人心情愉快。

例如，女人如果認為家中的浴室沒有風格，想換一種感覺，不需要花上萬元的裝修費用，只要到市場上購買一些壁紙，就可以使浴室煥然一新。自己做出來的結果，看上去肯定心情舒暢。

2·關注窗簾等布藝

布藝能夠在很大程度上影響家居風格，因此，女人應該掌握一些家居布藝搭配技巧。不論是華麗的絲綢還是浪漫的蕾絲，只要添加到家居中，家居風格就會隨之改變。這要比起換家具簡單經濟多了。

為舊沙發換上新的沙發套、獲得令人驚喜的效果。再者，如果家中的餐桌舊了，又不想換新的，可以覆蓋上一張漂亮時尚的桌布，如此便可煥然一新，只要少許的花費，就能彰顯主人的獨特品味。

3·巧手 DIY，展示自己的風格色彩

自己動手 DIY，是一件讓人愉快的事情。可以繡一幅漂亮的十字繡布畫掛在家裡，或是親手縫製一些小物品妝點家。而這些花費都很少，做起來也較隨意，想做就做，想停就停。這樣一方面可以展示女主人的心靈手巧，另一方面也能做到既省錢，又能讓家居更加溫馨、舒適。

總而言之，讓家居更美更舒適，不一定要請大牌設計公司

或者花費很多錢。只要動動腦筋，掌握一些技巧，完全可以達到既省錢又舒服的目的。

【立即行動】

1．閒時逛街、買衣服，不如隨便多逛一些家居店，或許可以買到便宜又實惠的物品點綴居室。
2．房間樸素，可以按照自己想要的風格動手裝飾一番，當然也可以購買一些置物架，改變陳舊的環境。
3．多在家裡擺放一些漂亮的小飾物或者綠植，既漂亮又能增加房間的溫馨氣氛。

精打細算，輕鬆通勤

如今，通勤已經成了人們每日必談的話題，比如：今天又塞車了，遲到扣了薪水；怎麼油價又漲了，本月油費多花了一千；計程車漲價了，怎麼辦啊？捷運太貴，公車便宜但花的時間太長……

顯然，通勤已經成為消費中必不可少的項目。那麼如何通勤不僅能省錢，還能達到輕鬆通勤的目的呢？

小冷是一家大型網路公司的企劃，每個月的薪水近四萬元，除去治裝、飲食等開支，最令她頭痛的就是通勤了。

小冷的家在新莊，公司在內湖，由於工作到很晚，小冷經常因為早上爬不起來，不得不叫車到公司。每次小冷總是恨恨地說：從明天開始，我再也不叫車了。但第二天她又睡過頭了。

即使沒有睡過頭，搭公車塞車也是常事，這令小冷非常惱火。朋友建議小冷先貸款買一輛車，但小冷覺得自己還沒有買房子，現在買車為時過早，通勤成為小冷生活中的最大難題。

一天，小冷在朋友的推薦下，在手機上下載了幾款叫車軟體 APP。這些叫車軟體裡都有共乘功能，可以尋找從自己家附近到公司周邊的共乘資訊。小冷試了一試，馬上就有司機接單。自從選擇共乘通勤以後，小冷再也沒有遲到過，每個月還能拿到一千五百多元的全勤獎金，而通勤的開銷也降低到每個月一千多元。

另外，如果上班的地方離家較近，騎腳踏車也是不錯的選擇，這樣既能鍛鍊身體，維持體態（可以節省一筆減肥費用），還能節省交通費。下班回到家，如果想到附近的超市買東西，可以步行絕對不搭車

總之，輕鬆而又省錢的通勤方式很多。只要注意學習並靈活運用，就能達到既減少開支又增添生活情趣的目的。

【立即行動】

買一輛腳踏車，或者步行到達距離較近的目的地，既鍛鍊身體又省錢。

認清贈品的真面目

買一贈一、買一送三，打折打很大，女人常常會停下腳步，有的是被精巧的小贈品所吸引，有的是認為物有所值。即使她們對商品並不是十分需要，最終也會買下。

很多時候商家雖然打出了贈送的旗幟，似乎要比平時優惠很多，但一些不擇方法的商家，往往會透過各種方式迷惑消費者，提高自己的利潤。例如，部分商家可能會在消費者不知情的情況下將商品的價格提高，將一些小贈品的成本折合進去。這樣，既吸引了消費者的目光，又使自己仍然有豐厚的利潤可圖。

因此，就算對贈品再感興趣，女人也要多加小心，不要讓贈品成為額外消費、甚至上當消費的幫兇。

在看到附有贈品的商品時，女人首先一定要對商品的價格認真評價。例如，一條洗面乳在沒有贈品的情況下只要兩百元，而在贈送一支同牌子的小洗面乳之後，價格上升到了兩百五十元。這時女人往往會只關注多出來的贈品，而忘記了認真權衡是否划算。有時，店員還在一旁鼓動，講一些真的很值、小瓶外形可愛、便於隨身攜帶的話，終於讓妳由心動變為行動了。其實，我們只要稍加計算，就知道自己並沒有得到所謂的優惠。商品的價格上升五十元，只增加了一支小瓶的洗面乳，這樣相當於自己花錢買下了贈品，絕非免費。

另外，還要注意迴避贈品帶來的負面影響。例如，有時商家積壓的貨物太多而無法售出，且商品期限快要到時，商家就會打出買一贈一的旗號促銷。從表面上看，商品的價格相對平時並沒有提高，且贈送的也是貨真價實的原物，我們便會痛快地付錢購買。生活用品還好，但若是化妝品，那可就損失慘重了。例如，牛奶的保存期限通常很短，若買一箱贈一箱，回到家後發現竟只有一週就要過期了，那這不但不是便宜，還給自己和家人帶來很大的麻煩。

有時商家為了干擾消費者的思考，使其不假思索地買下商品，還會費盡心機地製造出一種緊迫感。例如，在附有贈品的商品旁貼上一張醒目的紙條，寫上「數量有限，贈完為止」。這時，我們如果恰好需要該商品或贈品，害怕贈品很快贈完，那麼很可能就會不加思考地買下商品。但這樣的商品或贈品往往都存在著各種問題，等到拿回家仔細查看時才會發現，但已經悔之莫及了。因此不要聽信商家的煽風點火，要在購物時堅持自己的原則，看好商品的品質、價格，以及贈品的價值和使用期限，不可輕易被商家的一面之詞煽動。

雯婷有著標準的朝九晚五的工作時間，平時總坐在辦公室中的她，難免會有精神不振的時候，於是雯婷就經常喝咖啡為自己提神。某天，雯婷發現咖啡快喝完了，於是下班後便來到超市。雯婷原本想買自己常喝的 1+2 的原味咖啡，也就是已經調配好的，直接沖泡就可飲用的咖啡，價格也只有兩百二十五元，可以沖四十八杯。但是，來到咖啡專櫃後，店員小姐極力地向她推薦一款醇品咖啡，是沒有經過任何調配的黑咖啡，價格是兩百一十五元，可以沖五十五杯。雯婷有些猶豫，想到選擇了這款咖啡還要購買咖啡伴侶和糖自己調味，有些不划算。這時，店員小姐又拿出一個咖啡杯和一支咖啡專用匙，看上去金光閃閃的十分漂亮，介紹說購買醇品咖啡可以免費贈送。雯婷一看十分喜歡，同時自己正需要這樣的東西。於是她經不住店員鼓動，買下了醇品咖啡。接下來店員又向她推薦了一瓶咖啡專用糖。這樣，原本打算花費兩百二十五元購買一盒咖啡的雯婷，最終花費快四百元才買下所有東西。

過了幾天，雯婷在網上無意看到，自己花費兩百一十五元買的醇品咖啡，正常的市場價格只要一百六十元，而加上一個咖啡杯和一支咖啡匙也只有兩百元。雯婷十分氣憤，但又覺得不值得為幾百元的商品找商家據理力爭，只好自己啞巴吃黃連。

雯婷所犯的錯誤，是很多女人在購物過程中都發生過的。商家也抓住女人喜歡漂亮、精巧的小物件的心理，盡量將贈品設計得漂亮又精緻，來吸引女人的注意力，以達到獲利的目的。

【立即行動】

逛街或網購的時候，請在進去之前默念三遍咒語——天下沒有免費的贈品。

變廢為寶，做高財商女性

女人不僅要擁有理財的意識，還要掌握理財的方法和技巧。隨著生活水準的提高，生活節奏不斷加快，家居用品的更新也日趨頻繁，一些二手家電和家具越來越多，於是尋找好的處理二手物的方法逐漸受到重視。許多居民和商家都紛紛更新理財觀念，開始認識到二手物也能夠賺錢。這樣逐漸累積處理二手物所賺到的錢，也是一筆不小的財富。

楊小姐打算把舊的電視機賣掉，然後去重新買一臺。一天同事告訴她一個處理舊家電的好方法：換購。如果用它去家電商場來換一臺新的，再加上一小筆錢，就可以換到一臺新的電視機了。

楊小姐突然想到，附近的很多家電市場都在舉辦換購活動，而且她比較了二手物市場的價格和換購的價格後，認為換購更為合算。於是她就用一臺舊的電視機和一小筆差價換到了一臺新的電視機，並且還是新上市的，這樣太划算了。後來楊小姐搬了新家，乾脆把要置換的家電全部列了出來，並開始時刻注意家電商場換購的消息，最後她都以非常實惠的價格買到了稱心如意的家電。

這樣換購的方法既可以用較便宜的價格添置新家電，又可以省去賣掉舊家電的麻煩，十分划算。但是，在換購的過程中，女人要注意，為了避免上當受騙，最好透過廠商提供的正規管道進行換購活動。

把一些用過的物品賣掉是人們最常用的方法，但在賣的時候也要注意賣給誰，怎樣賣。把還具有使用價值的物品賣給收二手物的小販，是相當不明智的選擇。

水笙是一位潮人，有關娛樂類、時尚類、化妝類等雜誌，她幾乎每期都買，一個月下來要花掉幾千元。看完之後，這些雜誌就被擱置起來，累積到一定數量後，就通通送給收廢品的小販了。

一次偶然的機會，水笙聽同學說網路上有舊書刊交易，於是上網發了貼文：一百多本雜誌一律三折，只看了一遍，現拿出來與喜歡閱讀雜誌的朋友分享。這則貼文一出現，就吸引了不少前來光顧的網友，一位書攤老闆把一百多本雜誌全部打包，還留言說：以後再有舊雜誌，無論什麼時候告訴他，他都會第一時間趕到。因為他從批發市場進貨只能享受到七折優惠。

一個月的舊雜誌就可以賣好幾百元，真的是變廢為寶啊。

其實，像這樣賣二手物的方式有很多，有的社區舉辦社區跳蚤市場，一方面可以促進鄰里之間的感情，另一方面為社區居民的二手物買賣雙方提供了場所。

還有就是智慧型手機舊了千萬別丟，即使不裝記憶卡，配上合適的軟體也能變廢為寶。

【立即行動】

1．從現在開始，可以先到二手物市場打聽一下同類產品的價格，再決定如何處理二手物。
2．可以選擇二手物出租，包括家用電器、書籍、腳踏車等。出租成本不大，費用也不高，一般人也都能租得起。
3．一些已經不需要的舊衣物或者舊家具，可以將其改造為生活必需品，如巧妙改變其色澤和形狀，就會使破舊的家具煥然一新。

天天理財，養成節水節電的習慣

所謂理財，並不是每天節省一大筆資金，而是要從小處節省，正所謂聚沙成塔，集腋成裘。由於科學技術的快速發展，微波爐、洗衣機、電冰箱、冷氣等電器已經進入尋常百姓家。這些設備的耗電量較大，若沒有節儉意識，常常會造成很大的浪費。切記：錢是妳的，資源是大家的。如果又能省錢又節約了資源，何樂而不為？

李女士以前泡澡、洗手、洗臉等都不使用容器，做其他事情的時候，電視也一直是開著的，同時家中的電器都不是節能的。這樣一個月下來，只是水、電費就是一筆不小的開支。

後來，隨著節儉和環保意識的加強，李女士家中全部使用節水器具。水龍頭、開關都使用品質較好的，並且注意檢查修理，嚴格控滴、漏等浪費現象；衛生器具全部使用節水型的，將家庭用水中產生的水集中起來二次使用，拖地、沖廁所等都是使用洗菜、洗衣服的二手水來完成。同時淘汰了白熾燈，全部使用節能燈，可以節約電量百分之七十以上，此外連家電也換成節能的了。透過這些措施，李女士家的用水量節約了一半左右，用電也降低到了兩百度。這樣不僅節約了開支，也為環保事業做出了貢獻。

在日常生活中，女人需要掌握哪些節水、節電的小竅門呢？

1．節水小竅門

1) 用水桶接水，然後再洗拖把，不要直接用水沖洗拖把。
2) 可用淘過米的水來洗菜或洗碗，洗完菜之後的淘米水還可以用於澆花；殘餘茶水可用來擦拭家具。
3) 洗菜之前先把蔬菜挑揀乾淨，這樣能夠節省水。
4) 洗衣機漂洗的水可用於洗滌下一批衣服，一次可以省下三千多升清水，然後最後一次洗滌用水可用來洗拖把或沖馬桶。

5) 洗澡時不要將開關始終開著，抹肥皂時應關掉水龍頭。

6) 洗澡時不要順便洗衣服，用浴缸洗澡，水不要放滿，否則，水容易溢出。

7) 選用可選擇沖水量的馬桶或者水箱容量小於六升的節水型馬桶；也可在水箱內放置裝滿水的礦泉水瓶，減少沖洗水量。

2．節電小竅門

1) 把米清洗乾淨後放入鍋中浸泡三十分鐘，再用溫水或者開水煮飯，能夠節省百分之三十的電量。

2) 煮同量的米飯，七百瓦的電子鍋比五百瓦的電子鍋更省時省電。

3) 使用電熱飲水機，長時間保溫耗電太多，家庭用傳統的真空瓶保溫瓶效果更好，而且又節電。

4) 電水壺用得太久，壺中電熱管的水垢增加，若去除電熱管的水垢，可提高加熱效率，既節電又可延長其使用壽命。

5) 用節能燈替代白熾燈可以節電百分之七十以上；節能燈壽命是白熾燈的八百一十倍，雖然單一價格高於普通燈，但總的算下來還是非常划算。

【立即行動】

1．盡快在廚房安裝節水水龍頭和流量控制閥門；浴室內選用節水馬桶。

2．盡量調高冷氣的製冷溫度，如 25 度或 26 度；使用期間至少每月清洗一次冷氣的過濾網，定期清洗換熱翅片。

3．減少電冰箱的開門次數和開門時間。

4．用洗衣機洗衣服前，最好將髒衣物浸泡 20 分鐘；按衣服的種類、質地和重量分開來洗，而且按髒汙程度設定洗滌時間和漂洗次數。

做新時代的殺價女王

也許有些女人會有這樣的疑問：討價還價，那麼簡單的事情誰不會啊？其實，這件事情還確實沒那麼簡單。討價還價是一門很高的藝術，我們需要具備相對穩定的心理素養，瞬間掌握對方的心態，在拉鋸戰中要做到進退兼可，同時還要隨機應變，必要時可臉不紅心不跳地轉變立場。那麼，在購物活動中怎樣討價還價才不會吃虧呢？

1．打同情牌

兆潔還是一位大學生，平時很喜歡收集一些精美的飾品。身為學生的她暫時還沒有固定的經濟來源，雖然每逢連假、週末她就會出去做兼職，但是，這也只能賺些零用錢而已，想要購買那些名牌飾物，這些錢簡直是九牛一毛。不過兆潔還是憑藉自己的能力添置了一件件的品牌飾品。她是怎麼做到的呢？首先平日裡多賺少花，其次就是選擇二手貨，往往也可以買到不少物美價廉的好東西。如果有些飾品殺價後還是很貴，兆潔就會拿出撒手鐧 —— 打同情牌。

不過兆潔絕對不是耍無賴硬纏，否則，賣家才不會理她。她首先會了解這件物品的市場動態、價格走向以及利潤空間，然後再動之以情，曉之以理說服賣主。一次兆潔看中了一枚韓國限量發售的髮夾，但是囊中羞澀，當時賣主又絲毫不肯讓步。一開始兆潔選擇了放棄，但是回到宿舍後，她左思右想，還是割捨不下。於是她就利用閒暇時間上網了解行情，注意價格變化，然後三天兩頭地和賣主商量，只要賣主不肯讓步她就繼續去。不過兆潔每次殺價都是十分注意分寸的，讓人感覺自己非常喜歡這件商品，而不是來死纏爛打的。同時她還告訴賣主，自己是一名學生，收入有限，以博取賣主的同情。最後賣家實在忍受不了她的執著，將商品以兆潔可以承受的價格賣給了她。

2·永遠不要急於詢問最低價

總是急於了解商品的最低價格，這是很多女人殺價的通病。如果看中某件商品之後立刻詢問賣主最低價，只會自斷退路，因為最低價永遠都是自己砍下來的。在殺價的過程中，首先要將自己喜歡這件商品的意圖表現出來，但同時也要表現出自己有無均可的態度，然後誘使賣家一步步說出最低價，最後再在此基礎上說出自己心中的底價。

一次，張小姐在一家商店看中了一件衣服，標價是兩千元。張小姐非常喜歡，又摸又看，但是覺得價格太貴了。此時一位身形魁梧的男子走了過來說：喜歡的話可以給妳便宜一點，原來此人是店主。張小姐搖了搖頭說：價格太貴了！店主說：真心想要的話，妳說一個價格。張小姐無奈地笑了笑，繼續看這件衣服。店主見張小姐沒有回答，就說：小姐，我看妳是真心喜歡，這樣，我乾脆給妳打八折，怎麼樣？張小姐還是搖了搖頭。七五折！不能再低了。張小姐還是不動聲色。

店主真的急了，追著張小姐問道：妳到底想不想買？張小姐觀察後判斷，店主是一位豪爽的人，他爽快妳也必須爽快，開誠布公是最好的選擇。於是張小姐表示自己是誠心想買這件商品，但是如果他價格上再不讓步，張小姐也只好忍痛棄之了。店主聽了之後，態度明顯有所鬆動。張小姐又態度堅決地說：我身上只剩下九百元，爽快點，最多就出這麼多錢！從氣勢上給店主一種不容商量的感覺。店主最後說：好吧，那以後多多照顧我的生意！

3．結伴購物巧唱雙簧

獨自逛商場購物很容易遭到店家的前後夾擊，最終為商品付出高於市場價許多的價錢，但是如果能夠與朋友結伴逛店購物，則可以彼此配合，以較低的價格買到好的商品。具體的辦法便是，一位拿著衣服說東說西刻意刁難，另一位對著店家示好，既不能讓店家在一怒之下不談了，又要讓店家產生一種我們是行家的錯覺，到了時機許可時，再說出比自己的心理底價略低的價格，賣方略微上調後即可成交。

阿萍從不獨自逛街，她認為獨自逛街很容易掉進賣家的小陷阱。一般情況下，阿萍總是在週末和她的姐妹一起出去逛街。她們認為人太少沒有氣勢，太多又比較亂，通常都是三四個人一起。到了商場之後，無論哪個人看中了哪一件衣服，都不會表現特別高興。其他的姐妹就一唱一和，一位拿著衣服故意挑毛病，另一位央求店主給予優惠。這樣既能不讓店主太生氣，又向對方傳遞我們是高手不會上當的資訊。這時看中衣服的人說一個比心理價位低百分之十五左右的價格，店主再提高一些，最後總以她們的心理價位成交。

阿萍和姐妹在殺價過程中運用了欲擒故縱、故意挑毛病、一唱一和等方法，結果證明非常有效。

4．不要暴露真實需求

有些女性在挑選某種商品時，往往會進入一種盲點，就是在賣主的面前，對該商品讚不絕口。每當這時，賣主就會抓住妳的心理乘虛而入，把妳心愛的物品的價格提高好幾倍。不論妳再如何殺價，最後還是願者上鉤，待回家後才感到後悔不迭。因此，消費者購物時，要裝出一副閒逛，買不買無所謂的樣子，經過貨比三家的討價還價再出手購買，才能買到物美價廉且稱心如意的商品。

市場上屢見不鮮的現象就是漫天要價了。商家的售價一般比進價高幾倍，甚至高出二三十倍。因此，對付這種伎倆的要訣就是狠狠地殺價。例如，王女士在某商場看中了一套裙裝，賣主要價一千八百元。王女士敢於殺價，一口氣出價五百八十元，結果成交了。

如果有些女性心太軟，在挑選商品時，可以反覆讓賣主為妳挑選、比試，最後再說出妳能接受的價格。這樣的事情分兩種情況。第一種情況，如果妳的出價與賣主的價格差距太大時，往往使其感到尷尬。不賣給妳的話，為妳白忙了一通，有一些不合算。在這種情況下，賣主往往會向妳妥協。第二種情況，如果賣主的開價不能讓妳滿意，就要盡量指出商品的缺陷。要知道，任何商品都不會是完美的，妳應該針鋒相對地指出商品的不足之處，最後才會以滿意的價格成交。

如果長時間殺價並沒有達到理想的效果，此時不妨發出最後訊號：我給妳的價格已經不低了，我已經問過前面幾家，他們都是這個價格！假意談不攏就要離開，這樣做一是催促店家盡快做出決定，希望能及時叫住自己，趕快成交；二是在價格上探聽虛實，了解自己開的價錢是否已經達到店家的底線。所以如果妳要離開，店家並沒有留妳，妳又有意購買此件商品時，就要留一個退路。一般這種情況下的討價還價，效果還是很顯著的，賣主往往會對妳大呼：算了，賣給妳啦！這樣，女人運用智慧和應變能力，就可以買到稱心如意的商品了。

【立即行動】

1．任何時候都不要急於過問商品的最低價，否則只會自斷退路，因為最低價永遠都是需要自己砍下來的。

2．購買物品最好選擇季末，這時商家急於清倉，價格較低，而且殺價的機會也比較大。

3．有些專賣店的店員擁有會員卡，或者可以享受內部員工價。在這種情況下妳可以和店員攀關係，也許他會以較低的價格出售。

第 3 堂課
小財女的理財指南針

理財宣言

理財的關鍵在於善用自己的錢財，使其價值最大化，同時使個人及家庭的財務狀況達到最佳狀態，進而提高生活品質。

團購：女性的省錢祕密武器

賺錢是能力問題，省錢是態度問題。我們總是高唱團結就是力量，卻很少體會到團結的真正力量。上次我參加了一個建材團購會，每當大家隨著殺價師振臂高呼的時候，那種一呼百應的氣勢瞬間就讓商家鬆口了，本來說只給八折的，最後一直降到了五折。團購就是這樣，把互不相識的個體消費者匯聚在一起，成為具有共同利益的團隊，以集體訂單的方式迫使商家拿出最大的優惠，最終達成量大價優，薄利多銷。

相對於一般銷售，團購避開了總代理、經銷商等中間環節，省去了店面租金、廣告宣傳、業務抽成等費用，價格自然最低。當然，如果妳的談判能力強，妳也可以招攬一些人組團購買，這樣價格肯定比單槍匹馬要便宜很多。

有些人由於怕麻煩，裝修房屋的時候把一切都託付給裝修公司，花幾十萬元，裝修完工之後直接入住。而李小姐在裝修房屋的時候卻親力親為，同時利用團購的妙處節省了不少金錢。

李小姐首先聯繫附近準備裝修的幾戶人家，一起購買裝修材料，只這些費用就節省了十幾萬元。此外，一向很少打折的品牌櫥櫃，團購價也便宜很多，僅這一項又省下六萬多元。

由於團購這種形式滿足了一些賣家薄利多銷的心理，所以往往會選擇降價出售商品。有些人沒有採取團購的方式，其主要原因在於沒有掌握團購的技巧，甚至認為團購既麻煩又浪費時間；而且有時團體成員的要求不統一，無法達成一致的標準；同時缺乏堅定的團購決心，這樣必然會導致團購失敗，自然談不上節省了。

李小姐是臺中人，去年打算購買一間房子，於是在線上發起團購活動，有十幾個人響應。經過商議，眾人決定主攻臺北市某房地產公司，打算讓商家讓出百分之五以上的折扣。週末，李小姐建議眾人一起去看房，不料有七八個人在時間上無法統一，不能一起前往。看房計畫被迫中斷。

兩週後，大家終於聚齊了，在商量如何對付地產商的時候，每一家都說出各自對房子的要求。有的要求必須幾個月內簽約，有的要求戶型必須南北打通等。李小姐把各家的要求彙總出來交給房地產商，對方不斷搖頭。因為無法滿足各家的要求，最終也打不了折扣，團體買房就這樣失敗了。

透過上面的例子可以看出，團購需要集眾人之力，不能過分地為自己的利益考慮。如果成員太隨心所欲，沒有團隊意識或者沒有堅定的決心，團購必將以失敗告終。此外，女人如果想充分享受團購帶來的優惠，還需要注意以下兩個方面。

1．謹防商家欺騙

在團購過程中，有些商家明降暗升，把後期的服務貶值，或者將減少的利潤轉移到後期服務的費用中。所以消費者要看清楚商家的價格遊戲。

2．了解市場，注意細節

團購前先到市場了解產品的實際價格、品質等，然後慎重考慮要不要團購；下單時要仔細核對商品的數量、規格等，以免出現差錯；送貨的時間和地點也要事先交代清楚，以免到時候產生麻煩；同時把憑證收據保存好，以備不時之需。

【立即行動】

1. 團購是在自願與共同需求的前提下進行的，不能以個人的意願為中心。為了獲得優惠的價格，某些團購成員必須放棄自己的個性和要求，來迎合大家的需求。
2. 要想在集體中獲得力量，團購成員必須團結一致，充分溝通。

戀愛新主張：要浪漫不要浪費

說到戀愛，很多女人馬上就會想到花前月下，想到風花雪月，想到街邊轉角的咖啡屋，想到氣氛熱鬧的酒吧，想到溫馨浪漫的電影院……但若是將理財與戀愛放在一起，女人可能要大喊：還沒有成為家庭主婦，就要讓我們提早變『俗』了嗎？

其實，這是對理財的一種誤解。女性應該明白理財絕非庸俗，而是一種非比尋常的品味與氣質的體現。一位在戀愛中就表現出大手大腳和強烈虛榮心的女性，反而更容易被男友扣上俗的帽子，甚至可能對自己敬而遠之。

道理很簡單，一味表現出對物質的追求，恰恰說明其物質上的匱乏——越是缺少的，才越要炫耀。而一個真正懂得生活情調的女性，不會一味追逐昂貴的物品，她們更注重的是生活的品質與感覺。這樣的女性，才更能給人留下踏實自立的印象。

英英出身書香門第，自小受到良好教育和文化氛圍的薰陶，雖然並無過多的物質為自己包裝，但她無論走到哪裡，總能散發出一種優雅氣息。

英英大學畢業後進入了一家外商工作，很快吸引了同事立傑的關注。立傑可以說是出身豪門，家境非常好，但為人卻十分謙卑，並且很有上進心。立傑經常約英英出去吃飯、看電影。漸漸地，英英也被這位彬彬有禮的男孩打動了。於時兩人很快開始了戀愛。

立傑得到佳人的青睞，自然興奮異常。他原本並不鋪張浪費，但為了表達自己對英英的感情，每天都送一束鮮花給英英，每週末必拉著英英去購物，幾乎買遍了附近商場精美的衣物和首飾。然而面對公主一樣的奢華享受，英英並不動心，而是經常勸立傑不要在自己身上浪費太多金錢，有錢也要慢慢花，花在有用的地方，細水才能長流。立傑雖有所改善，但還是常常想送給英英禮物。

不知從什麼時候開始，公司裡的閒言碎語多了起來，且內容從對這對金童玉女的誇讚和祝福，變成了英英愛錢不愛人一類的字眼。這些話免不了會傳到英英的耳朵，有著良好修養的她並沒有在意，但是立傑卻將這些話聽到了心裡，認識到自己對英英的愛反而給她帶來了傷害。那之後便一改往日作風，不再帶著英英去繁華的商場和高級的電影院，而是任由英英拉著自己泡圖書館、參觀油畫展覽。

四年後，一對恩愛的戀人攜手步入了婚姻的殿堂，誰知蜜月還沒過完，立傑的家中就遭受了重創 —— 父親的公司解體，全家的主要收入斷了。立傑一下子覺得生活晦暗了許多，但在悲傷的同時，立傑也無比慶幸自己找到了一位如此知書達理、賢惠溫柔的妻子。正是英英在幾年前就極力阻止自己的奢侈消費，全家才得以在此時留有一筆財產，即使不能再過富豪的生活，也足以享受中產階級的生活了。

其實，很多時候，戀愛是否甜蜜，彼此是否交心，與禮物的貴賤、約會的場合高級與否，並沒有必然關係，兩個真心相愛的人，縱然拉著手在路邊喝手搖杯也是開心的。而過於崇尚物質的女性，也許已經和男友坐在高級的咖啡廳中，可還是臭著臉，感覺不到幸福。

所以，戀愛中的女性一定要明白這樣的道理：浪費不能帶來浪漫。

【立即行動】

正處在熱戀期的女人，認真地想一下，自己目前的狀況是浪費多一點，還是浪漫多一點。千萬不要讓戀愛時的浪費，毀掉了婚後二人世界的浪漫！

制訂一個全年購物計畫表

如同女人是天生的理財能手一樣，女人同樣是天生的購物能手。不過，這裡的能手就與理財能手中能手的概念不太相同了。理財能手是指女人有理財的能力，能夠很好地將財產管理好；而購物能手則更是偏指女人是天生的購物狂了，即指女人天生就有強烈的購物慾望，對購物永遠津津樂道。

女人單身時，多半為自己購物；女人成家後，則基本承擔起了全家的購物任務。購物對於女人來說是一件不會厭煩的樂事，同時也是一件很難做到恰到好處的難事，即女人往往無法既滿足了自己和家庭的使用需要，又不至於浪費辛苦賺來的鈔票。因此，女人要想省錢，最先要把持住購物這一關。所謂把關並非是說不能購物，而是要爭取花最少的錢，買最好的東西。這其中包括很多學問，最關鍵的，還是要從制訂購物計畫開始。

根據我們的實際生活來看，所購物品通常是以年為標準的，即每年都要購置某些差不多種類的物品，一年以後，所購的物品又開始重複上一個週期。因此，以年為單位來制訂購物計畫，無疑是最為合理的。另外，女人在婚前與婚後所購物品的內容和數量都有很大的差別，因此，在制訂全年購物計畫表時，還要區分單身與已婚兩種情況。

單身的女性購物傾向更偏於個人需求，在衣服、化妝品、首飾上的花費要遠遠大於其他方面。因此，單身女性要著重安排好這些方面的購物計畫。

美麗的衣服是女性永遠不變的追求，單身女性往往在這方面表現得更為明顯。有一句經典道出了女性對衣服的心理狀態：女人衣櫃永遠少一件衣服。很多商家往往也抓住女性的這種心理，在服裝經營方面大做文章，勢必要拿下女性的錢包。而很多單身女性通常沒有家庭負擔，便更容易毫無顧忌地在服裝店大打出手，不惜重金買回心儀的衣服。結果就導致了女性在走出校門到結婚前的這幾年單身生活中，在服裝上面花掉的金錢往往令人咂舌。

因此，單身女性一定要在衣服的購置方面做好計畫。單身的女人可以按季節分出三個時令來制訂購衣計畫，即春秋季、夏季和冬季。夏季的衣服相對比較便宜，且比冬季的衣服換得更勤，因此，夏季的衣服可以適當比冬季多購置幾件；冬季的衣服由於需要滿足保暖作用，往往用料多而高級，因此總要比同等品牌的夏季服裝貴很多，且冬季不像夏季般需要頻繁地換裝，所以女人可以適當地減少冬季服裝的購置；而春秋季節的衣服則居夏、冬二季之間，只要能滿足需求即可。具體的服裝件數和價位就要依不同的女人的生活情況而定了。收入較高、生活環境對形象要求較高的女人，可以適當地提高金額；而收入相對較低、且生活環境對形象要求不高的女人，則可以降低在衣服方面的支出。總體來說，建議女人分配在購衣方面的資金不要超過收入的百分之二十，因為很多單身女性還有房租、應酬等開銷要承擔。

化妝品也是單身女性的一大支出項目。年輕單身女性的皮膚有著天生的優勢，妝容最好以自然、簡單為主，既顯得大方可人，又不會因太多的化學物品侵蝕而使皮膚過早老化，最重要的是，還能省下一大筆化妝品費用。如果所化妝容對季節的反應不過於明顯，那麼女人一年只要購置一兩套化妝品就可以了。因為一般的化妝品都能使用半年左右，量大一些的甚至能使用一年以上。

首飾方面，建議單身的女人不要過於浪費，最好選擇價格中等稍偏上的飾品，這樣買回來的首飾既好看又耐帶，還不會太心疼花出去的錢。

除了上面這三個方面，單身的女人還要購置一些日用品，逢年過節還要贈送親友一些禮品，談戀愛的女性還要經常給男友送一些禮物來表達愛意。因此，雖然沒有家庭的負擔，但單身女性的購物壓力還是不可小覷的。這就要求單身的女人在購物方面做好全面、合理的計畫，既能滿足自己全年的需要，又不給自己造成經濟壓力。

女性結婚後，購物的範圍會急速變廣，數量也會急遽增加。從家具、家電購置到柴米油鹽添置；從自己和丈夫的穿用，到老人孩子的需求等。這時女人的購物癮往往能得到最大的滿足，然而面臨的困難也會接踵而至。如何最合理地滿足全家在一年中的需求，又不過多花費金錢呢？已婚女人也需要制訂一張全年計畫表。

與未婚女性從所購物品的內容方面來做計畫不同，已婚女性更適合以細化時間的方式來制訂購物計畫。如可先將一年分為四個季度，列出每個季度家中需要添置的物品，如夏季要購置冷氣、涼蓆、夏裝等；冬季要購置保暖的衣物等。其中有些物品並不是每年都需要購買的，而有些物品則是年年要更換的。

細化時間的方式相對更適合已婚女性，是因為結婚後家庭需要購置的物品繁多，不似單身女性那樣一年所需的物品可以一目瞭然。同時婚後家庭成員增加，購物所需的費用就比較龐大。因此，時間細化的方式更加適合已婚女性。以季度為單位是細化時間方式中比較合理的一種，每個季節所需的物品統計起來比較方便，而各個季節所需的花費有多有少，統一成年則又可以形成一個有規律的週期。

【立即行動】

計畫並不是固定不變的，具體的細則可以按照個人或家庭的不同情況來制訂。如果計畫合理，相信一年下來女人就會有不小的收穫。

結婚究竟應該怎麼省

一般來說，結婚主要包括以下幾方面的開支：

1．婚紗照。

2．婚紗。

3．婚慶消費。主要包括租婚車、婚車的裝扮、婚禮全程錄影等。

4．婚宴消費。宴請親朋好友是一筆很大的開支，也是婚禮消費的重頭戲。

5．其他費用。包括婚禮主持、現場布置、酒、糖等。

總之，婚禮消費已經成為年輕男女的沉重負擔，但是，如何才能舉辦一場既節儉又浪漫風光的婚禮？

1．婚宴巧算計

在婚宴的各種形式中，以中式酒席消費最高，而自助餐比中式酒席能省不少錢。又為了避免每席坐不滿而導致的浪費，要準確地預計來賓的數量，安排好座位。如果條件允許，喜宴也可以定在早上，這樣酒水錢也能省不少。

2．淡季辦婚禮，省錢又省心

在結婚高峰期舉辦婚禮，宴會的場地、婚車的價格等都會飆升，結婚費用會上漲不少。因此可以在淡季舉辦婚禮，這樣能夠減少不必要的開銷。

3．租婚紗不如買婚紗

受慣性思維的影響，很多人都認為租婚紗要比買婚紗便宜很多，其實不然。市場上租婚紗的價格一般都在一千五百～五千元／天，租兩三天最低花費也得近五千元。關鍵租來的婚紗可能比較髒，稍微抽一點紗就得賠償，一賠還得好幾百，且規定二十四小時歸還。試想妳租婚紗，需要提前一天取回家吧，第二天忙著婚禮，還得記掛著把婚紗還回去，否則還要加錢！

而到專賣店或者婚慶用品店，花費五千元左右就可以買到一件不錯的白紗了。買來的禮服不但全新清爽，而且保留下來還具有紀念意義。關鍵妳還可以轉租給婚紗租賃部，或者低價轉賣。

4．婚紗照省錢竅門

拍攝婚紗照時，也可選擇攝影工作室，二者的價格相差很多。

5·選用婚車有訣竅

結婚是大事，自然少不了婚車，這也是一項比較高的消費。

結婚的頭車當然是必不可省的，但是後面的幾輛車就不一定非要同牌或同款，大致上只要顏色統一，樣式上基本相似，就行了。妳可能會問，這是為什麼呢？眾所周知，新人肯定是坐第一臺車，那其餘的幾輛車基本是伴娘和伴郎坐，親戚朋友們一般都是自己開車到婚宴酒店。而婚禮的跟拍都是以拍攝新人為主，車隊的拍攝一般都只是一些整體上的，拍出來的影片與照片大都不能看清車的牌子與款式。

因此只要搞定第一臺車，其他的車子均可以向自己的朋友租借，這樣妳可以省下一筆不小的開支。還有一種方法就是避開禮儀公司自己搜尋婚車的資訊，或者聯繫租車公司，安排幾輛同款同色的轎車即可，按時收費也不用搭人情，又有面子又能省錢，兩全其美。

6·網路找尋新娘祕書

結婚當天的新娘跟妝應該是新娘最關心的問題。現在的禮儀公司、婚紗店都會為妳介紹新祕，但他們介紹的一般很貴。且技術好的化妝師基本上都開獨立工作室了，因此留下來的化妝師也就只能是水準偏低的了。

還有一個最好的方法：線上搜尋新娘化妝，然後看新祕的作品。一般新祕都會在網站裡留下自己的聯繫方式，然後就與新祕預約試妝時間。現在找新祕最好的辦法還是透過試妝，因為再好的新祕還是要做出適合妳的妝面與造型才行，很多人不以為然，沒試妝就定下了新祕，因此對結婚當天的妝自己都不滿意。

7．舉行集體婚禮 —— 團婚

大家知道有團購，還不知道團婚吧？同事或者親戚朋友等年齡相仿的年輕人一起舉辦婚禮，便可共同承擔婚宴以及場地布置的費用等，這樣既熱鬧活躍又能夠省錢。不過，有人感覺結婚是一輩子的事，這麼摳門是不是有點太過了？其實不然，看妳如何看待了，關鍵開心就好。

8．全權委託婚禮顧問公司

將要結婚的職場女性，可以選擇一家可靠的婚禮顧問公司來負責婚禮的籌備工作，這樣做的好處是能夠節省不少時間和精力；且如今的婚禮顧問公司競爭激烈，貨比三家，可以盡量壓縮到自己的心裡報價。

【立即行動】

1．結婚時巧手布置婚禮現場，如親自到商場購買鮮花。這既能夠滿足自己的喜好又能省錢。
2．巧妙安排結婚禮金。對於很多新婚夫婦來說，結婚禮金是新家庭的第一筆財富，巧妙安排也會使以後的生活更加美滿。
3．盡量省掉一些不必要的昂貴小項目。例如，有些人在請柬上設計一些高級的圖案，這不僅沒有太大意義，而且還要花費一大筆的印刷費用。

燦爛的蝸居時代

臺北無疑是充滿誘惑的大都市，不僅機會多，而且薪水也高，於是很多女人北上工作。殊不知，這些地方的消費也很高，即使不購物、不娛樂，但最基本的吃與住還是無法避免的，僅大都市的房租就足以讓妳倒吸一口涼氣。

奕臻和我是大學同學，她出生在雲林西螺，在當雲林上完了小學、國高中，然後到新竹上大學。畢業後，奕臻義無反顧地衝進了臺北的人才市場。

奕臻只在網路上發布了兩天的履歷，沒過多久，就有一家公司打電話請她去做銷售業務。這個工作雖然與奕臻的科系不符，但的確是一次歷練機會，且對於剛畢業的大學生來說，公司提出的將近四萬的薪水也算可觀，比起老家兩萬多的薪水標準已經很高了，奕臻便很快就開始上班了。

奕臻在朋友的關照下，暫時住在朋友的家裡。開始上班後，奕臻覺得長期借住不合適，必須要自己找房子住。於是她在網路上搜尋了很多租屋資訊，只看了幾個，奕臻的美好憧憬就破滅了 —— 臺北的房租實在太貴了，公司附近的雅房都在八千元以上。

奕臻的經歷反映了普遍的大都市效應，即雖然大都市看起來機會多、薪水高，但其消費水準也是非同一般的高，普通的小資族除去吃、穿、住、行，很難能存下積蓄。其實這與在其他中小城鎮工作相比，淨收入高不到哪裡去。

在大都市生存，首當其衝的消費就是價不驚人死不休的房租。提起這個，很多上班族的女性都很煩惱：一年光房租算下來就得好幾萬，就算賺得多一點，一年到頭也難以有存款！

租屋最有效的省錢方法就是找一位合租人，將房價一分為二。例如，一間套房月租一萬元，而如果將客廳的格局稍加改變，將其也作為一間臥室出租，那麼自己則只要承擔五千元即可。當然，這種方法僅適用於對住房品質要求不算太高的人，同時也要徵得房東的同意才可。

選擇相對便宜的地段租屋。大都市中，商業區往往十分吵鬧，且房租尤其昂貴。因此，建議女人盡量將租屋的目標選在地段稍偏僻的地方，這樣不僅能享受清淨的環境，還能在租屋費用上省下一筆。但女人注意地段不可過於偏遠，偏僻的地方也比較危險，對於夜晚獨自回家的女性來說不太適宜；另外，太過偏遠的地方，每天上下班也不方便，不僅會浪費大量的時間，而且還要為通勤支付一大筆費用。

大而舒適的房子，其房租必然是相對高的；而若想少付房租，就只能找相對較小的房子。另外，精裝、家具多的房子，同樣會比普通的、家具較少的房子要貴很多。只是租屋而不是長期定居的女人，可以對住房條件的要求降低一些，因為只有將錢省下來存進自己的帳戶才是最好的結果。

【立即行動】

對於收入不穩定或較少的女人，合租以及在郊區尋找合適的房子，是應對現狀行之有效的方法。當然，不管在哪裡住，女人也一定要注意安全問題。

信用卡背後有祕密

生活中經常會看到有關信用卡的廣告，這是一個信用卡的時代。在如今社會，快速的生活節奏加劇了人們的提前消費，信用卡已經成為女性生活當中必不可少的夥伴。

信用卡除了可以刷卡消費之外，還可以付電話費、油錢、部分交通罰單，撥打國際電話等，省事又省力。但信用卡就像一把雙刃劍，使用得當，能幫助女人更好地理財；使用不當，則要付出高昂的代價。為了能夠用好信用卡這把雙刃劍，必須明白以下幾點。

1 · 信用卡不能存錢

前不久，小玉在某位行員的推薦下辦理了一張信用卡，開卡的時候銀行還贈送了一些禮品，她覺得挺划算。後來小玉在這張卡中存了一筆錢，就沒有再用過這張卡。過了一段時間，小玉從這張卡中提領一千元，等到她查詢的時候發現被扣除了十元的手續費。小玉不明白，自己存錢後一直沒有用過，而且又不是跨行提領，怎麼會少了十元呢？

信用卡不同於一般的薪轉戶，除了可以透支之外，信用卡還可進行消費結算，但不具備儲蓄功能。目前各家銀行預借現金收費標準各不相同，但在信用卡存錢，進去了就沒那麼容易出來了，這種「無私奉獻」的蠢事還是少做為好。

2 · 首年免年費≠年年免年費

許多信用卡不僅免除首年年費，而且開卡的時候還會贈送禮品。其實，銀行在開展這類活動的同時，也擁有了收取年費及其他各項費用的權利。首年免年費並不意味著年年免年費，一旦申請成功並拿到了禮物，才發現半年內不能剪卡，稍有疏忽就很容易跨越兩個收費年度。如果持卡人到期沒有繳納年費，銀行將會從其帳戶內自動扣款，如果卡內沒有餘額，就算做透支消費。還款期限一過，這筆錢就會按年利率，複利地計算利息。

3．卡內的存款和透支額度沒有關係

信用額度是根據每一位客戶的信用狀況授予的，無論持卡者在信用卡內存了多少錢，都不能隨意提高透支額度。

4．免費卡不是越多越好

有些銀行為了鼓勵人們使用信用卡，透過開展一系列促銷活動來增加信用卡的發行量，這樣很容易使一些人動心。拿到促銷禮品之後，信用卡就被隨處亂丟了。一旦信用卡內沒有餘額，就會被算作透支消費。還款期限一過，銀行就會按固定的年利率複利計算利息。如果到時沒有還錢，就會被視為惡意欠款而留下不良紀錄，嚴重的還會引發刑事訴訟。

很多女人少則持有一兩張信用卡，多則七八張信用卡，消費時很隨意地拿起一張卡就刷，次數多了自己也不記得哪一張是用過的以及到底花了多少錢。這樣很容易導致不能及時還款從而陷入循環利息中。

因此，千萬不要認為信用卡越多越好。一般來講，一位持卡人有兩張信用卡就夠用了，一張備用，一張日常使用。這樣既能夠延長還款日期，又不至於無限制地花費金錢。

5．帳單分期提前還款仍收手續費

小米在幾個月前用信用卡買了一部四萬的手機，因為數額較大，一時無法全額還款。於是她向銀行申請帳單分六期付款，計算下來，每期還款六千多元，其中每期手續費還有幾十元。三個月後，她準備把剩餘的錢全部還上。此時，她發現仍要還剩餘三期的手續費，再外加二十元的提前還款手續費。小米發現後，非常氣憤，打電話諮詢信用卡中心無果後只能吃啞巴虧。

信用卡帳單分期後，決定提前還款時，如果是按月繳納，仍需要把剩餘月份的手續費都補齊；如果是一次性繳付手續費，也不會因為提前還款而將手續費返還。也就是說，在客戶申請分期付款完成後，無論如何，這些手續費都必須承擔。另外，一些銀行還要加收提前還款手續費。

辦理帳單分期之前，應將提前還款等事宜諮詢清楚，避免申請期限不合理，多繳手續費。目前也有銀行規定，提前還清帳單分期付款餘額，剩餘的月份不需要繼續繳納手續費。

6．最低還款全額利息照收

進行了大額的消費，一時無法全額還款，不少人選擇了最低還款額還款（一般為總欠款的百分之十），這樣可防止不良紀錄產生。但算利息時，很多人才發現，利息是從消費的那天就開始算了，沒有了還款期限，並且採用全額計息，已還款的部分在全部額度未還清之前，仍算計息基數。以透支一萬元計算，雖然已經還了九千九百元，算利息時還是按一萬元算，而且利息還是複利。

不過，目前已有銀行取消了此項霸王條款，只對未還款部分計收利息。如果萬一妳用的某銀行信用卡還沒有取消這項條款呢？大家要警惕！

7·與薪轉戶綁定也要操心

如果擔心忘記還款日，從而產生逾期等不良記錄，那麼辦信用卡的時候，就選擇與已經辦理薪轉戶的同一銀行綁定。這樣，信用卡就直接和薪轉戶掛鉤，到還款日就會自動全額還款，而且不收取手續費。只要薪轉戶有足夠的錢，以後就不用操心還款逾期的問題了。

在這裡友情提醒一下：用信用卡消費的時候可要注意，如果薪轉戶的還款金額不夠，未能一次全額還款，照樣要付利息。

【立即行動】

1．事先了解各家銀行的還款期限限，牢記還款期限，否則稍有疏忽就有可能支付高額年利息和滯納金。

2．信用卡一旦辦理成功，應及時進行密碼更改。

3．養成保存收據的好習慣，每次使用信用卡刷卡之後，將收據放在同一個地方整理好，需要的時候可以去對帳，否則，總認為自己的錢不翼而飛了。

會員消費有陷阱

在大型商場或者超市購物消費，顧客結帳的時候，收銀員會詢問：請問您有會員卡嗎？會員卡泛指身分識別卡，包括超市、商場、酒店等消費場所的會員認證。消費者可以透過成為會員的方式，以比較優惠的價格來獲取更加優質的商品和服務。一些超市優惠政策非常吸引人，可以用會員卡中的購物集點換取獎勵商品。獎勵的商品也十分誘人，小到面紙、茶杯，大到名牌電器等。

然而，這些都是表面現象，在會員卡的背後，往往隱藏著以下陷阱。

1．利用集點制度鼓動消費

很多會員卡有一項集點制度，只有集點達到一定數額，才能享受優惠和贈品。很多消費者會為了集點和回饋而購買一些本不需要的商品。

徐小姐前段時間在商場購買化妝品的時候，辦理了一張會員卡。店員告訴她，如果消費滿五千元，即可免費獲贈一套化妝工具。為了得到這套工具，徐小姐購買了面霜、粉底、指甲油、唇膏、睫毛膏、沐浴乳……可拿到贈品的時候，她感到受騙了，原來這套化妝工具在市場上的售價也就一百多。而商家從她購買的五千元商品中不知賺了多少利潤。

想要得到一些小優惠，就需要付出，這就是會員卡隱藏的陷阱。很多女人都有過為了湊夠點數而去買一些不必要的商品的經歷，可就算所集的點數夠了，兌換的時候也比較麻煩。辦理會員卡的結果就是，一些不太實用的商品進了自己的包，商家則賺取了更多的利潤。

2．惡意欺詐

會員卡在一定程度上給消費者帶來了便利和優惠，但是也被一些不良商家所利用，成為騙取錢財的工具。

愛美的李女士一直在同一家護膚中心定期美容。一次店員向她推薦了一張優惠卡，說辦卡以後可以享受八折的優惠。李女士考慮到不僅要做美容，還要做針灸減肥，所以毫不猶豫地答應辦卡，並在卡內直接加值了一萬元。出乎意料的是，李女士再次來這裡消費的時候，被告知這張優惠卡只有一次性消費滿四千元才可以使用。李女士當然不樂意，與護膚中心老闆爭執起來。最後，護膚中心老闆指著會員卡上的最後條款，說：看見了嗎？最終解釋權歸護膚中心所有！李女士只能夠怪自己當時太粗心沒仔細看清楚條款，後悔不已。

其實和李女士一樣有過類似遭遇的女人不在少數，甚至有的人辦理預存錢的會員卡時，沒有注意核實該商家的信譽和營業資格，等到再次光顧的時候，已經人去樓空，手中的卡變成了一件廢物。

3．卡內餘額不予退還

如果會員卡還未到期，但由於各種因素而不打算使用的時候，卡內剩餘的金額是不能夠兌換成現金的。這樣的會員卡就成為食之無味，棄之可惜的雞肋。如果想要繼續使用就需要加值，如果放棄就等於將剩餘的金額白白送給商家。而且有很多女人的會員卡快到期限或者還來不及轉讓，導致無法消費卡內剩餘的金錢，這樣的情況就等於變相浪費了。

諸如此類，只要女人用心觀察，就會發現會員卡還存在很多陷阱，所以辦理會員卡的時候要擦亮眼睛。同時女人也要考慮會員卡消費是否符合投資理財的原則，從而謹慎辦理。

【立即行動】

1．與朋友、同學互相交換使用會員卡，不僅可以滿足自己的需求，也可幫助對方集點，實現資源共享。
2．有些會員卡業務辦理的時候要求很高，可以動員親朋好友一起消費，共同擁有一張會員卡。這樣可以一起分擔費用，又可以很快累積集點以獲得更多的實惠，兩全其美。
3．經常去服務品質好、購物更為便利的商場消費，可保留其一兩張會員卡。長期堅持在這一兩家商場購物，年底集點足夠獲得一些贈品。

投資自己，才能把握未來

朱女士學歷一般，在丈夫開的菸草公司裡做一個掛名經理。平時朱女士很清閒，甚至不用每天去上班。時間久了，朱女士就開始覺得有些無聊。於是她想將自己以前的愛好插花重新撿起來。

遺憾的是，朱女士從來沒有學過正規的插花課程，所以打從心底一直覺得自己是亂插，完全不專業。

為了滿足自己的愛好，朱女士從網路上找了很多資料，最終在一個插花班報名。這個插花班每週上兩次課，並且可以為學員提供實驗用具。朱女士學得非常用心，還經常將空閒時間多的學員請到家裡來，和自己一起研究插花。

半年之後，朱女士學成出師了，她在自己家中插滿了漂亮的花，朋友來了之後紛紛誇好看，丈夫也說家中多了些溫馨的氣氛。

再後來，朱女士想到如果自己招一些學員來學習插花，那麼自己就由一個普通的插花愛好者上升到一個專業的插花老師了。於是朱女士在網路上投廣告，由於學費收得不高，很快就有十幾個人報名要來學習。朱女士便大張旗鼓地在家裡開起了插花班。八個月後，朱女士第一批學員出師了，由於朱女士教得用心，且收費合理，學員們都對朱女士充滿了感激之情，紛紛將自己的朋友介紹到這裡來學插花。

眼看自己的插花班漸成規模，朱女士便辭掉了丈夫安排的經理工作，專心教起了學生。如今，朱女士不僅有了固定的學生來源，還成立了自己的插花網站，別提多紅了。而朱女士的收入，也比丈夫開出的薪水高了許多。朱女士還常常高興地說，在丈夫眼裡，自己變得有想法、有能力，是一個優秀的妻子，而且丈夫看自己的眼神都有了變化，既疼愛又敬佩了。

案例中的朱女士其實並不缺錢，但卻依然懂得女性要擁有自己的事業、自己的愛好、自己的生活品味等重要的道理，並且透過不斷的努力，朱女士也達到了自己預期的目標，甚至還遠遠超出了自己的所料。朱女士半年的投資，就讓自己多掌握了一門學問，不僅提高了生活情調，還成就了自己的一番事業，可謂明智至極。

【立即行動】

朋友，請不要只關注別人的財富，別忘了妳身邊最大的財富就是妳自己，從現在開始投資自己，比如報考一個證照班，或者在職研究生，或者利用業餘時間多學一些技能，這些最終會轉化成財富的，妳可以拭目以待。

看好老公的錢包

身為女性，能否看好老公的錢包，直接關係到夫妻關係是否和諧。那麼，應如何看好老公的錢包呢？

1．方法要正確

女人在監督丈夫的錢財時要注意運用正確的方法，要善意地提出忠告，千萬不能亂搜丈夫口袋或者錢包，這樣不僅不尊重丈夫，而且也會使自己陷入尷尬。

有一天，陳女士正在洗衣服，忽然啪的一聲，從衣物中掉下一個信封。打開一看，信封內竟然有三十張千元大鈔，足足有三萬元！當時陳女士就氣不打一處來，心想老公居然瞞著自己存私房錢！思考了片刻，陳女士把錢按原樣放回了要清洗的衣物裡，然後在心中盤算著對策。

第二天，陳女士約好友到家中來打麻將。每一輪都故意輸得很慘，令同桌的三位好友眉開眼笑。老公恨鐵不成鋼，氣呼呼地將她攆下桌。陳女士極不情願地坐到電視前，用眼色遙控指揮。開始讓幾位姐妹故意輸得一塌糊塗，讓老公樂得合不攏嘴；繼而反敗而勝地讓老公輸得血本無歸。陳女士假裝瞌睡，卻暗中偷覷著抓耳撓腮六神無主的老公。

果然，他忍不住偷偷從衣物中取出私房錢。這次正好被眾人逮個正著。幾位姐妹開始逼問，丈夫不好意思地笑了：公司補發的獎金，本來想留著抽點好菸、喝點好酒的。陳女士接過錢，臉上生氣，心裡得意地想：這錢最終還是落到了我的手上。這一戰，陳女士取勝。

陳女士知道，面對有「私想」的老公，就是想控制也是控制不了的，不過她認為戳破「私想」運動還是蠻有樂趣的，所以陳女士決定將運動進行到底。陳女士在每月給老公零用錢的同時，不忘笑吟吟地加上一句：若不是為了孩子，還能多給你一些。不過，如果有需要你就儘管說，房子可以不買。如此，老公不但每月上交的數目有所增加，還會時不時地送些小禮物、小驚喜給陳女士。逢年過節老公還不忘匯錢給陳女士的父母。就這樣夫妻恩恩愛愛，日子越過越甜蜜。

2．在外請客不如邀請到家

妻子與丈夫的朋友也還是可以做朋友的，將丈夫的朋友邀請到家中小聚增進感情。一來可以節省不少的開支，畢竟家中的飯菜要比餐廳便宜許多；二來也可以表現出妻子的好客，支持丈夫多交朋友。當然，如果是一些生意場上的朋友，該花的錢就要花，不可以小氣。

3．防止丈夫將資金挪作他用

一些丈夫會將創業資金用來做一些與創業無關的事情，例如，請朋友大吃大喝，賭博甚至陷入直銷陷阱等。這就需要女人嚴加防範了，但首先要確認事實，不能隨意猜測，不然會影響夫妻關係。還有一些男士將創業啟動資金用來投資類似股票這樣高風險的項目，此時女人也應該及時提醒。

4．監管丈夫的小金庫

有錢的男性不一定都會變壞，男性的小金庫用得恰到好處會給家庭生活帶來快樂、和諧；如果用不好卻會帶來煩惱。所以，女人一定要監管好丈夫的小金庫。最好讓丈夫學會記帳，這樣便於妻子了解小金庫的資金流向。

【立即行動】

家庭是一個統一體，家庭資金應該統一支配，而安排好家庭資金的重擔就落在女人的肩上。

抓緊錢袋子，警惕各種騙術

理財的目的是什麼？當然是讓財富越來越多。無論妳從事哪種職業，經濟狀況如何，賺錢都不是一件容易的事情。然而在現實生活中，有些善良的女性會成為騙子的獵物。俗話說，害人之心不可有，防人之心不可無。謹防鑽入騙子的圈套而讓自己的血汗錢付諸東流，女人要做到以下幾點。

1．雙簧騙術要小心

雙簧術是由兩個人互相配合完成的，一個負責說，另一個負責表演。雙簧要想演得好，兩人必須要相互配合默契才行。在生活中也有演雙簧的，這種雙簧可不是取樂用的，而是專門騙人錢財的。

王女士在下班回家途中，遇到一名泰語口音的男子向她問路。好心的王女士幫忙指完路後，泰國男子便和她攀談起來，稱自己前幾年研發了一種治療癌症的特效藥，目前正在聯繫各大醫院推廣。

兩人邊走邊聊，正說得熱絡時，旁邊一名男子湊過來插話，稱其是當地衛福部職員，對這種剛研發出來的藥品也很熟悉，想高價購買這種新藥品製劑。而泰國男子則說可以考慮按成本價將藥賣給這位公務員。此時，公務員面露難色說自己手頭上沒有那麼多錢，隨後將王女士拉到一旁，輕聲問她願不願意湊一些錢將這種特效藥製劑買下來，然後再轉手賣出去。科長說只要能買下來，他轉手賣出去就能賺十萬多，然後兩人再將這些錢平分。

聽公務員這麼一說，王女士頓時有了興趣，馬上到銀行取了五萬多。將藥買到手後，公務員說，他現在就回家聯繫醫院將藥出手，並讓她拿著那瓶特效藥在樓下等。王女士在樓下左等右等也不見對方出來，才意識到自己上當受騙了。之後，她將這瓶特效藥拿到醫院檢測，發現所謂的特效藥只不過是一瓶普通的藥水而已。

有些詐騙嫌疑人推銷假的產品，有些以兌換外幣為名行騙，相同點都是在選準作案對象後，其中一人假扮外地人，另外一人扮演當地某機構的主管或員工的角色，巧立名目虛構理由引誘受害人上鉤。因此，女人對陌生人以問路為由趁機搭訕的，宣稱短時間內可獲得暴利的生意，不要輕易相信。女人最好少與這些人接觸，萬一上當受騙也應選擇在第一時間報警。

2．名利雙收 —— 背後有陷阱

當妳逛街的時候，突然有人搭訕誇妳很上鏡或遊說妳做模特兒，妳肯定會沾沾自喜。當跟隨他到所謂的模特兒公司時，妳會被告知，許多大廣告的模特兒都是由他們培養的，然後遊說妳參加訓練班，並承諾會把妳包裝成頂級模特兒，妳將會名利雙收。但在這之前，要先交付幾萬元的學費、治裝費、攝影費等費用。

妳還會被繼續哄騙：這些錢在接到廣告後兩天就會賺回來。當妳上當付款，做著模特兒夢，等了又等，而他們根本就不會找妳。最後，甚至妳會發現連所謂的公司也已經人去樓空，妳的錢當然也不見了。因此，不要貪圖名利，名利的獲得從來沒有捷徑，否則，很容易上當受騙。

3．不要掉入中獎的陷阱

有時會無端有人打電話或發簡訊告知妳在某活動中中了獎，可以得到免費旅遊的機會，或通知妳去參加旅遊講座，順便拿獎。去參加講座時，卻發現原來根本沒有獎可拿，反而會有很多人來圍攻，遊說妳加入在世界各地免費租住渡假屋的計畫，只要一次性支付一筆錢。而如果妳真的付錢參加，就會發現，那些傳說中的渡假屋根本不存在。

4．對借錢的朋友敢於說不

張小姐月收入三萬五千元，每月支出只有一萬五千元，卻常常入不敷出，沒有存款，甚至經常向他人借錢。這究竟是怎麼回事？原來她是一位十分心軟的女性，男朋友向她借錢買車，說自己當業務要有一輛車才像樣。於是，她把自己的積蓄全部借給了他。後來，男朋友又說要做生意，要向銀行貸款，找她做擔保人，哄她說只要賺了錢就和她結婚，她便簽字做了擔保人。一天，男朋友突然失蹤了，她再也找不到他，不久，債主上門要求她承擔男朋友的債務。為此張小姐還要向朋友借錢為男朋友還債。

切記，不要盲目替他人擔保，借錢給人時要問清楚、想清楚，千萬不要因為一時衝動、一時心軟，而成了朋友的搖錢樹。

【立即行動】

善良的女人要學會保護自己，天上的禮物不會無緣無故地掉在妳的頭上。面對禮物的誘惑，一定要擦亮眼睛，三思而後行。

第 4 堂課
投資 Hold 住，美麗不打折

理財宣言

我們的目標是，做一位既懂得為美麗投資，又懂得理智消費的職場女性。

女人的省錢保養法

許多女人幾乎每個月都要在美容方面支出大筆的開銷。有的花大量的錢去美容中心保養，有的在頭髮上花費數千元，而更多的女人則喜歡購買價格昂貴的化妝品。一個月下來，美容費用是相當驚人的。

李萌萌和張小姐是同一家公司的職員，兩人薪水差不多。由於經常需要出席各種商業場合，因此對外表非常在意。平時的美容、美髮及其他保養支出也都是不能少的。

李萌萌在固定的護膚中心和髮廊都辦理了年卡，每張都要上萬元。可是這麼多的錢，李萌萌幾個月就花完了，接著又往兩張卡內各續交了一萬元，不到一年的時間還是全部用光了。

此時，李萌萌的家裡打來電話，說她的父親不慎摔傷住院，急需一筆不小的住院費。李萌萌這才意識到，自己從來沒給過家裡一分錢，所有的錢都用在打扮上了。看著空空的存摺和一大堆從髮廊買回來的瓶瓶罐罐，李萌萌非常手足無措。

同事張小姐知道了李萌萌的困難，主動拿出三萬元借給李萌萌。在感動之餘，李萌萌十分驚訝，二人的薪水是一樣的，為什麼張小姐能存下這麼多錢，而自己卻沒有呢？

最後還是張小姐解答了她心中的疑惑。原來張小姐從來不去護膚中心、髮廊之類的高消費場所，所有的保養工作都是親自動手完成的，平時的美容護膚品也是根據自身情況選擇簡單、必備並且適合自己的產品。

實際上，女人從以下幾個方面入手，即可達到少花錢，巧美容的效果。

1．做好基本保養

每天到辦公室或者回到家時，一定要徹底地清潔肌膚，選用適合自己膚質的洗面乳、沐浴露，這樣才能減少斑點、痘痘的滋生，保持皮膚濕潤。同時避免太陽直接照射在臉上，夏天要使用防曬產品，然後每天保持愉快心情。年輕時候的保養，將會影響女人日後實際年齡與外表年齡的差別，所以說現在的及時保養會為將來節省一大筆錢。

2．養成良好的生活習慣

很多皮膚問題都是由內分泌失調引起的，除了藥物治療，女人在日常飲食方面多加注意也是十分必要的。許多蔬菜和水果本身就有很好的美容效果，所以，女人應該多學習這方面的知識，讓自己越吃越美麗可是一件非常實惠的事情。

此外，睡眠不足是女性美容的天敵。二十歲以上的女人常常有這樣的經歷：第一天晚上沒有休息好，第二天起來常常都是眼袋突出，黑眼圈明顯，面色灰暗。如果經常睡眠不足，即使天天泡在護膚中心，也不可能達到理想的美容效果。因此，女人要想保持皮膚光潔柔嫩，必須保證充足的睡眠。這種不必花任何費用的美容方法，何樂而不為呢？

3．參加免費培訓

在化妝品的促銷季，有些商家會開設一些指導消費者保養與化妝的課程，還有一些頗具規模的化妝品公司會定期舉辦保養的課程，都是不收費的。這些課程具有整體性，並且伴隨新產品的開發，會引進新的理論和保養知識。女人可以去聽一聽，但不要被推銷員的話術所迷惑，買回一堆既昂貴又用不到的保養品與化妝品。

4．出國選購省錢訣竅

女人如果有機會出國，可以到免稅商店逛一逛，這些免稅店的化妝品會便宜不少。選購商品時要注意當地的消費水準，如果當地是某商品的原產地或是低消費區，該商品價格一般會比國內低，如法國、美國等。日本的消費指數較高，因此商品的定價就會比國內還貴，不可瘋狂地選購。

【立即行動】

1．購買捲髮棒或離子夾，想要變化直髮或捲髮時，配合吹風機輕輕吹燙即可。

2．如果女人想要變換頭髮顏色，可以自己購買染髮劑，顏色多樣，價格也不貴。

3．自製面膜。準備一小杯鮮奶，將化妝棉用鮮奶浸透，敷在臉上十五分鐘後取下，用清水將臉洗淨，長期堅持可以使膚色白淨均勻。另外，敷面膜前可用熱毛巾敷臉，使面部毛孔打開，更利於牛奶的吸收。

4．女人想要購買化妝品，除了百貨公司的專櫃，還可以到專賣店看看，這些專賣店進貨量大、成本低，或是依靠水貨作為貨源，不需要繳納關稅，售價比較低。

只選對的，不選貴的

據統計，女人一生當中最大的個人消費之一，就是治裝費。而一些女性購買服裝往往比較衝動，依靠直覺，買回來卻又後悔不已。因此，女人在漂亮服裝面前要學會理智地判斷，要學會花最少的錢，買最好的服裝，省下銀子，贏回面子。以下是精明女性購買服裝的小技巧。

1．確定需求，逛熟悉的商場

在購買服裝之前，首先弄清自己需要的到底是什麼，確定準備購買的服裝類型、風格與顏色，這樣能夠避免所謂的憑直覺消費。明確了需求之後，就可以到熟悉的商場購物。因為商場的打折資訊、打折規則、商品的布局很重要，如果對某一商場比較熟悉，將節省寶貴的體力和金錢；如果不熟悉，很有可能既要多花錢，又要「受傷害」。現在很多的品牌店都有會員服務，為會員提供一定的折扣優惠，而對普通顧客則不打折。可是很多商家都規定消費者一次性消費超過一定金額才能成為其會員，因此女人可以和朋友一起去消費，這樣朋友也可以享受到優惠。

2．選擇合適的購買時機

女裝的季節性非常強，而每個季節新款服裝上市時的價格一般很高。等到季末的時候就會降價，到處都在打折，用原價的一半甚至更少的費用就能買下同樣的產品。

李小姐在某年冬天，看中了一件中長款風衣，標價四千元。雖然對顏色和款式都很滿意，試穿也很合身，但她還是在說了一聲謝謝之後轉身離開。因為她知道，這件風衣不是流行的款式，而是很經典的風格，因此，如果等到季末打折時購買就能節省很多錢，於是她開始耐心等待。果然，到了初春時節再來到該專櫃，她驚喜地發現，這件原價四千元的風衣已經因為所剩無幾，價格降到了兩千元！而且她所需要的號尺寸剛好還有貨。於是，李小姐毫不猶豫地買了這件不會過時的風衣。

也就是說，兩個月的等待讓李小姐節省了兩千元，她用這筆錢完全可以為自己再置辦一套新款春裝。

假設李小姐一直都能夠這樣理智地消費，不僅可以買到適合的服裝，而且還能節省不少錢。如果每年都發生三四次這樣的事情，那麼一年就可以省下幾千元。這樣的理性消費，女人何樂而不為呢？

3．切勿沉迷流行，巧妙穿搭

在時尚的召喚下，女性服飾每個季節都會有新的流行元素出現，不同的流行風格、質料、款式和花色。要想時尚又節儉，就要選擇那些生命週期長久的服裝。而且要瀏覽時尚雜誌，了解時尚的趨勢及精髓，切忌盲目跟風，失去自己的風格。選購服裝的關鍵是要挑選那些經典款式，既耐穿、耐看又不失時尚，這樣才會達到預期的效果，不至於顯得沉悶。沒有絕對的流行，只有穿出自己的個性才是真正的流行。

【立即行動】

精明的女人都會以下面三個標準作為購物時的警語：我喜歡的、我適合的、我需要的。

運動瘦身，省錢又健康

許多女人為了瘦身纖體，每個月花費大量的金錢光顧健身房或購買瘦身產品。可是由於工作時間的關係，大多數女性並不能每天堅持，一段時間下來，錢花了很多，減肥效果卻不明顯。

劉女士想要保持身材，於是在一家健身中心辦理了一張健身卡，三個月共五千元。劉女士到健身房一看，裡面的東西可真不少，瑜伽、肚皮舞最為熱門，各種健身器材也是應有盡有。劉女士鍛鍊了兩週後，由於工作比較繁忙，接下來的兩個月都沒有去健身房。當她再次踏進健身中心大門的時候，櫃檯告訴劉女士，她的健身卡已經到期，想要繼續鍛鍊，還得交五千元再辦一張卡。因此，劉女士認為自己到健身房鍛鍊身體並不划算。

由於健身減肥沒有成功，劉女士決定使用減肥藥來減肥。減肥藥的價格大都是幾千元，可劉女士還是買了一大盒回家。開始還有一些效果，但是，當劉女士停止服用時，體重竟然迅速反彈了，甚至比吃藥之前還重了兩公斤。劉女士沒有辦法，只得繼續購買昂貴的減肥藥，一年下來，計算了一下用於減肥藥的開支，劉女士嚇了一跳。自己竟然吃了十萬多元的減肥藥，而且藥還得繼續吃，否則體重就會反彈。就這樣，劉女士仍然在為如何既能少花錢又能減肥而煩惱。

其實，像劉女士這種情況，根本不用浪費如此多的金錢去減肥。過度肥胖的人才需要到正規減肥中心接受專業人士的指導。一般情況下，女人採取以下方法，就可以達到既能保持身材又能省錢的目的。

1．充分利用周邊環境運動減肥

1) 搭公車時多站少坐，盡量多爬樓梯少乘電梯。如果要去的地方不是很遠，可以捨棄乘車，盡量步行。

2) 每天堅持到附近公園或球場跑步，也能達到瘦身的目的。但是，貴在堅持，每天至少跑三十分鐘。不要跑一會兒就休息，也不要半途而廢。

3) 經常在辦公室工作的女人也可以做一些運動量小的瘦身運動。可以坐在椅子上練習腹式呼吸以收緊腹肌，或者在電腦前持續把雙腿伸直抬高再放下，這種練習對塑造纖細美腿非常有效。還可以多幫同事做些事情，如送東西、傳文件等，既可以活動筋骨，減輕疲勞，又可以獲得同事的好感。

4) 多做家事，如洗碗、掃地、拖地板等，這樣清潔、減肥兩不誤。

5) 經常跳繩。跳繩花樣繁多，可簡可繁，隨時隨地可以進行，在氣溫較低的季節特別適宜作為健身運動。從運動量來說，持續跳繩十分鐘，與慢跑三十分鐘或跳健身舞二十分鐘的運動量相差無幾。它是一種耗時短、耗能量大的有氧運動。

2．借用健身設施

如果女人居住在校園或安養中心周圍，一般來說這些地方運動設施非常齊全，有健身房、桌球室。健身房裡會有跑步機、仰臥起坐墊、腳踏車機等運動器材。有些學校的健身場所也是不收費的，即使收費也比到健身中心花費少得多。

【立即行動】

1．根據周邊環境制訂一份不花錢的健身計畫，並且保證長期堅持。健身的效果與花錢多少是沒有關係的，重點在於養成勤鍛鍊的好習慣。

2．早起空腹喝一杯水；有規律的飲食起居和合理的進餐習慣是保持健康苗條身材的關鍵，不要找任何藉口暴飲暴食；睡覺前四小時內不吃東西；多吃綠色食品。

衣服穿搭術，做有品味的女子

有些女人容易受各種廣告的影響，迷戀名牌，可是名牌服裝的價格低則上千元，高則數萬元乃至幾百萬元，花費巨大。流行往往使人盲目跟風，大家有時候走在街頭，經常看到有人穿著不適合自己的流行服飾，顯得十分突兀。其實，服飾、配件的品質遠遠比名牌更重要，女人完全可以利用有限的金錢將自己裝扮得大方得體，時尚美麗。

每個人都有追求流行時髦的自由，但最重要的是不要盲目，要學會搭配既適合自己又舒服好看的服裝。女人只要掌握了以下服裝搭配的方法，就能達到既省錢又有面子的效果。

1．顏色搭配

通常來說，著裝的色彩搭配主要有兩種方法，一是相近色搭配，二是對比色搭配。

相近色搭配是指臨近顏色的搭配，或者同一種顏色的濃淡搭配。臨近顏色的搭配給人一種穩重的感覺；同一種顏色的濃淡搭配，給人一種醒目之感。另外，全身統一顏色的服裝可以為辦公室營造和諧的氣氛。

如果想要給人以清新的感覺，應該利用顏色之間的反差搭配，這就是對比搭配。例如，黑色與紅色的搭配，給人以親切大方之感；褐色與灰色搭配顯得乾淨俐落；而黃色與黑色搭配盡顯穩重大方等。但是，如果顏色搭配不當，則會造成色彩的混亂，穿在身上會顯得十分怪異。

2．款式搭配

款式的協調搭配不僅可以掩飾身材上的一些缺點，而且還可以放大自己的優點。例如，高領的服裝可以使人看起來上身較瘦，如果再搭配直筒牛仔褲或者長筒裙，整個人的身材就會顯得高挑瘦長，上身與下身看起來也會比例均勻。

如果女人的一件服裝能夠與多種款式的服裝搭配，那麼其價值就非常大了。對於女人來說，一件大衣屬於必備品。貼身裁剪的各種款式的上衣搭配修長的褲子，再加上一件大衣，在辦公室裡穿，大方且不老套，並且參加晚宴也不會顯得平凡。

此外，女人的衣櫃裡還應有一件蕾絲上衣，顏色最好是金黃或者素白，春天穿在套裝裡，效果奇佳。

【立即行動】

1. 如果崇尚潮流，妳可以從各種時尚雜誌中尋找靈感，了解當下的服裝流行趨勢，吸收時尚養分。各種類型的服裝雜誌，除了介紹各種流行服飾搭配，還會介紹不同款式服裝的各種穿法。如果認為訂購雜誌不划算，可以到圖書館或書店翻閱。
2. 在遵循顏色搭配和款式搭配原則的基礎上，大膽發揮想像力和創意，搭配出屬於自己的穿衣風格。

練就一雙專盯折扣的火眼金睛

很多女人都認為買便宜服裝必須要等到換季不可，其實這種觀點不完全正確。在等待換季的時候，女人常常會疏忽了報紙、雜誌上的廣告，以及網路上的打折資訊。對於這種不定時的打折，很多人都不能夠及時掌握資訊，等到同事好友已經把物美價廉的服裝穿在身上的時候，打折活動已經結束，只能嘆惜自己白白錯過了好時機。

意欣和雅涵是大學室友，兩人平時都喜歡逛街購物，但身為學生，生活費有限，因此購買打折商品就成了她們節省金錢的好辦法。這天，意欣把剛剛買到的 Titus 手錶往雅涵面前一放，雅涵就忍不住驚呼出聲。這是一款價值七千五百多元的精美女錶，意欣以前就想要買，只是由於平時的生活費都精打細算。但她怎麼可能一下子有這麼多錢買手錶？意欣告訴雅涵，這支錶只花了一千五百多元。雅涵簡直不敢相信，服裝鞋子打折是常事，但錶類很少打折，更何況是這麼低的折扣，連三折都不到！

雅涵跑到 Titus 手錶專櫃一看，發現該品牌的手錶確實在打折，而且優惠都不少；但是，意欣購買的那款精緻女錶已經賣完了。意欣得意地告訴雅涵，這幾天 Titus 手錶專櫃在舉行週年店慶的優惠活動，自己注意這則消息已經很久了。專櫃一開始打折，意欣就第一個跑去購買了。看著意欣得意的樣子，雅涵只能怪自己沒有早點知道這個資訊。

由此可見，要想在非換季時期買到打折的商品，必須隨時隨地保持耳聰目明的狀態，經常收集各類資訊資訊。此外，女人還應做到以下幾點。

1．隨時留意自己喜歡的物品

新商品剛上櫃時，女人如果發現有自己喜歡的物品，就要留意打折資訊。其實，如果平時多加留意，就會經常看見有百貨公司、服飾店在非換季時期就進行優惠活動。只是許多人忽視了平日觀察的重要性。

2．多跑跑、多逛逛

聽朋友說起打折資訊，但趕到商場卻發現晚了一步的時候，不要著急，馬上到其他的商場看看是否有相同的商品。等到這家商場打折時，就可以先下手為強，買下中意的服裝、鞋子或者其他飾品了。

3．有效利用資訊資源

如今是資訊飛速發展的時代，生活中各類的廣告、網站、傳單、書報雜誌一般都有商品打折的資訊。如果在如此方便的資訊社會中都不知道如何利用資訊資源，就是自己的損失了。

【立即行動】

1．購物前列出清單，把現在的必需品和以後的必需品按先後順序排列，按照這份清單隨時留意這些物品的售價情況，貨比三家，時機一到，就下手購買。
2．網購，不僅商品齊全，而且網路商店的供貨更直接，商店費用和稅收有限，因此商品成本都比較低，在售賣的時候或多或少都會有一些折扣。

第 5 堂課
規劃，讓銀行變成妳的理財主場

理財宣言

與銀行打交道也是一門學問，掌握了其技巧，可以讓自己的錢生出更多的錢，同時也可以節省不必要的支出，從而獲得更好的理財效果。

熟悉銀行存款的技巧與禁忌

隨著經濟的高速發展，轟轟烈烈的理財旋風席捲大街小巷，無論什麼職業的女性，都有著共同的奮鬥目標——為了更美好的生活，學會管理錢包，做一個真正的小財女。而大多數女性理財的第一步，往往就是到銀行存款。實際上，存款也是有很大學問的。目前，銀行一般的存款方式，有零存整付、活期存款、定期存款等。在存款數目相同的情況下，選擇不同的方式儲蓄，其收益也大不相同。想要成為一位財女，應該重點掌握以下幾種存款方式。

1．十二存單法

十二存單法是指每月提取薪水收入的百分之十～百分之十五製成一張定期存款單。切忌直接把錢留在薪水帳戶裡，因為薪水帳戶一般都是活期存款，利率很低，如果大量的薪水留在裡面，無形中就損失了一筆收入。每月定期存款單期限可以設為一年，每月都這樣堅持，一年下來就會有十二張一年期的定期存款單。

十二存單法的好處就在於，從第二年起，每個月都會有一張存款單到期供存款人備用，如果不使用，則加上新存的錢，繼續進行定期儲蓄，既能比較靈活地使用存款，又能得到定期的存款利息，這是一種兩全其美的做法。假如這樣堅持下去，日積月累，就會存下一筆數目不小的存款。相信女人在每個月續存的時候都會有一份驚喜。

2．複利存款法

所謂的複利存款法，是存本取息與零存整付兩種方法結合的一種儲蓄方法。這種方法的優點在於能夠獲得比較高的存款利息，缺點是必須經常跑銀行，不過為了得到更多的利息，多跑跑銀行也是值得的。它的具體操作方法：假如有一筆五萬元的存款，可以考慮把這五萬元用存本取息的方法存入，一個月後取出其中的利息，把這一個月的利息再開立一個零存整付的帳戶。以後每月把存本取息帳戶中的利息取出，並存入零存整付的帳戶，這樣做的好處就是能夠獲得二次利息，即存本取息的利息在零存整付中再次獲得利息。不怕多跑銀行的朋友可以試試這種方法。

3．階梯存款法

階梯存款法是一種與十二存單法相類似的存款方法，這種方法適合與十二存單法配合使用，尤其適合年終獎金（或其他單項大筆收入）的存款。它的具體操作方法：假如今年的年終獎金發了三萬元，可以把這三萬元獎金分為均等的三份，各按一年定期、兩年定期、三年定期儲存；一年之後，把到期的一年定期存單續存並改為三年定期；兩年之後，則把到期的兩年定期存單續存並改為五年定期；三年後，三張存單就都變成三年期的定期存單，這樣每年都會有一張存單到期。這種儲蓄方式既方便實用，又可以享受三年定期的高利息，是一種非常適合大筆現金的存款方式。假如把一年一度的階梯存款法與每月實行的十二存單法相結合，那就是絕配了！

除了以上幾種存款方法需要掌握，女人還應該了解一些存款的禁忌。具體說來，有以下幾種。

1．少用活期存款

運用活期存款的弊端就是利息較少。如果近期內不需要動用大量的資金，最好採用定期存款的儲蓄方式。

2．不宜集中開一張存單

一張存單的金額太大，不僅不安全，如遇急用，需要提前支取其中的一部分，會因此損失一部分利息，辦理起來也不如分散開幾張存單的方式方便與實惠。

3．存單不宜與有效身分證件放在一起

對於儲蓄存單，在保存時應與身分證、印章等分開保管，以防丟失或被盜後讓罪犯輕易取走大量存款。

4．定期存款期限不宜太長

儲蓄存款不宜選擇太長的期限。因為目前正處於低利率時

代，如果選擇存期過長，存期內利率調高就會減少利息收益。

以上幾種方法和建議，可以說是精明女性理財過程中的實戰心得。只要在儲蓄過程中加以恰當、靈活地運用，等到再次查看銀行帳戶時，妳一定會大吃一驚，不經意間，財源已經滾滾而來。

【立即行動】

在存款數目不變的情況下，選擇不同的存款方式，其收益也大不相同。女人只要在儲蓄過程中科學、靈活地運用各種方式，就會讓妳的智慧轉化為財富。

簡單幾招，玩轉信用卡

如今錢包裡可以沒有鈔票，但不可以沒有信用卡。與現金和支票相比較而言，信用卡確實為生活帶來了更多的方便和快捷，充分體現了它的優越性。但是，如何使用信用卡更划算、更方便、更安全。這就需要了解以下使用信用卡的小技巧。

1．信用卡，貴精不貴多

如今，隨著持卡人的增加，信用卡的種類也越來越多，有些人甚至有幾十張信用卡。其實信用卡不在多，額度夠用就好。信用卡等級越高年費越高，集點兌換的要求也就越高，這通常會給持卡人帶來不必要的經濟負擔。

2．免年費，這個必須有

對於那些精打細算的女人來說，如果信用卡能夠免年費，應該是一件很值得欣喜的事情。其實，只要學會巧用信用卡，就有很多辦法可以免交一年的年費。例如，有的銀行信用卡刷卡滿五次，就不限消費金額；有的銀行信用卡首年免年費，次年須刷卡滿五次以上，不限消費金額；有的銀行信用卡可以用集點折抵等。

所以，在妳辦理信用卡前，一定要考慮妳的信用卡年費如何刷才能減免。

3．適合自己最重要

很多銀行發行了與商家的聯名卡，這樣可以享受打折優惠，比如：中油聯名卡可以享受洗車和加油等優惠；富邦鑽保卡則是享有保費交易的優惠。而很多聯名卡在便利的同時還可以集點，比如中信華航商務御璽卡，有首年免年費、里程機票兌換優惠與官網購票優惠等。又由於市場上的航空卡種類繁多，如何選擇適合自己的信用卡，並更快地累積里程兌換機票，就成了一門學問。

4．透支須知

1) 預借現金的額度，是根據持卡人使用信用卡情況設定。不同銀行的預借現金標準是不一樣的，最低為不超過信用額度的百分之三十，最高可達信用額度的百分之百。

2) 除預借現金手續費外（各銀行手續費不一），境內外信用卡透支預借現金還需支付利息，不享受免息待遇。

信用卡透支可隨借隨還，按日計息，日利率為萬分之五。不透支不計息，當日透支當日繳費亦不計息，透支多少天算多少天利息。

需要提醒的是，消費前要清楚自己所持信用卡中的可用金額和分期付款額度，如果分期付款過了繳費期限，還要支付一定的罰金。如果遇到這一問題該怎麼解決呢？其實很簡單，女人可以在申請信用卡的同時，在同一家銀行開戶，同時與銀行簽訂繳費協議，在繳費期限的最後一天，由銀行自動從戶頭中扣款即可。

5．信用卡買基金

使用信用卡透支消費的人越來越多，但利用信用卡的繳費期限投資貨幣基金的妙用，也許知道的人還不多。

現在就介紹一種好辦法：

例如，用信用卡購買了五千的物品，要在繳費期限來臨前歸還銀行五千元。如果在繳費之前先將五千元現金透過簽帳卡買成基金，繳費期限快到的時候，再透過電話或線上交易的方式贖回基金，歸還信用卡的透支金額。這樣除了消費五千元外，還可額外獲得貨幣市場基金的收益（貨幣基金的收益一般高過活期存款利息幾倍），等於用銀行的錢消費，用自己的錢賺錢，這個收益可謂不拿白不拿。

6．要學會養卡

女人需要養，同樣信用卡也需要養。經常申請調整額度、多通路消費和出國消費有利於額度提高。比如有的信用卡規定一年刷卡六次免年費，我們就可以去超市買了三瓶礦泉水，然後刷三次卡付費。是不是覺得有點誇張？其實這只是一個養卡方式，能刷卡堅絕不用現金。

平時用卡要注意多通路用卡，能刷卡的地方就刷卡，吃飯、加油、購物等。銀行是很喜歡這樣的客戶的。比如我男友上次去國外出差，本來是六萬的額度，回來不久後就給到十二萬了，雖然是臨時額度，可是臨額到期之後固定額度也給提到了十萬。

7．必知的信用卡盲點

理財專家提醒，使用信用卡時，一定要避免以下三大盲點。

盲點1：信用卡多多益善

小孟是典型的月光族加負債消費體驗者，在朋友的推薦和仲介的大力推銷下，在不同銀行的集點送禮、優惠打折和抽獎的誘惑下，她一下辦了五張信用卡。但過了一段時間，她發現手裡持有如此多的信用卡，反而造成了麻煩。首先就是繳費問題，不同的銀行有不同的繳費日期，像她這樣粗心的人根本搞不清處每一張信用卡的繳費期，所以總是逾期罰款。小孟博愛，對每張信用卡一視同仁，平時刷卡抽到哪張算哪張。到了年底發現每張信用卡都有集點，但每張信用卡的集點都不足以讓她兌換到最愛的禮品。

蘊藏在信用卡中的市場潛力和營利空間，令各家銀行想方設法爭取更多的市場占有率，想出各種新奇的方式吸引消費者辦卡。對現在的年輕人來說，一人擁有三四張信用卡根本不算什麼。不過信用卡一多，像小孟面臨的這些問題便隨之而來。

對大多數人來說，擁有兩張信用卡比較合適。結合自己使用的實際情況篩選，即使信用卡的附加功能誘人，可自己確實用不上，就要捨棄。保留兩張結帳日不同的信用卡，一張主用，一張備用，其透支額度也不要太高，既可以制約消費，還可以延長繳費日期。即使信用卡被盜，損失也不至於太過慘重。

盲點 2：哪天刷卡都一樣

小蔣在辦理信用卡的時候，行員介紹說信用卡可以有五十天的最長繳費期限，這對於月收入三萬多、肩負房車二貸的他來說，無異於來自天堂的福音。但幾個月下來，他發現繳費的時候總是會有幾筆超過期限的消費，讓他不得不付給銀行利息。事後小蔣發現：自己每一筆消費都是在繳費期五十天以內進行的，為什麼不是免息的呢？

小蔣的問題就出在沒有弄清最長繳費期限的概念，沒有選擇合適的日期進行消費。信用卡有很長的繳費期限，客戶可以累積循環信用，但要注意合理控制透支時間。各家信用卡有最短十八天、最長六十天的繳費期限，這就相當於銀行給了妳一個短期貸款週期，還不用支付利息。

有很多朋友說記不住哪天繳費，所以用完不久就繳費，有的是這月用了下月繳，還有今天用了明天就繳的。我都會跟她們說，還是按照帳期用最合適。之所以這樣做，就是為了享受最長的繳費期限，算好了這個日期，就可以輕鬆享受銀行給的這筆貸款。

所謂循環信用，就是當償還的金額等於或高於當期帳單的最低繳費額，但低於本期應還金額時，剩餘的延後繳費的金額就是循環信用餘額。這樣接下來分期的每一筆消費就要按照日息來計算了。

再者，要是妳總擔心下月的時候繳不起信用卡費，畢竟賺著微薄的薪水，那怎麼來巧妙使用信用卡呢？我來告訴妳們。

我們可以在帳單日當天把妳消費信用卡的錢全部還清，這樣本期帳單的繳費額就會是零，過了帳單日，妳立即把錢全部取出來或者套現理財都可以，這樣，妳就能享受很長的繳費期限，還可以用兩個月的薪水來還清妳的欠款，相信妳應該沒有什麼問題了吧！

繳費日基本可以不用理會了，只要合理的弄清楚妳的帳單日，就可以享受長達大約兩個月的繳費期限，這樣輕鬆預支銀行的錢，豈不是很愜意？

【立即行動】

在享受其帶來的便利的同時，也應謹防陷入使用信用卡的盲點。

網路時代的女子防身術

在現實生活中，網路銀行以其快捷、安全（存摺存在丟失的可能）、方便等特點贏得了很多人的青睞。但是，也許很多人還不知道，辦理了網路銀行也並不等於高枕無憂。許多不法之徒利用各種高科技方法，已經將罪惡之手伸向了線上存摺。

如今，罪犯不須入室行竊，也無須複製金融卡和存摺盜取存款，更不用接近客戶竊取網路銀行資訊，他們只要利用高科技的木馬技術，便能輕易地將千里之外帳戶中的存款盜取得分文不剩！他只要先在網路上架設一個個人網站，並友善地準備了許多軟體供網友下載，實際上這些軟體均含有木馬程式。當網友從此網站下載軟體後，木馬程式便潛入了該使用者的電腦，監控了各種網路活動，並竊取網路銀行的帳號密碼，輕鬆地盜取存款。

網路銀行作為一種新型金融服務工具，正在被越來越多人所接受。但由於網路銀行發展速度過快，很多職場女性對網路銀行服務缺乏必要的風險意識、防範常識，這也是罪犯之所以能夠得手的主要原因。因此，作為一位精明的職場女性，如果使用了網路銀行服務，必須做好防範準備，具體說來，應從以下幾方面著手。

1·選擇安全係數較高的網路銀行

專家建議：第一，選擇具有數位安全憑證（SSL憑證）的網路銀行。在當前網路銀行在操作界面的設計上，有的銀行優先考慮客戶操作的方便性，有的則優先考慮網路銀行的安全性。例如：有的網路銀行登入時必須使用數位憑證，雖然申請和使用網路銀行時麻煩一點，但能更好地保證自身帳戶資金的安全性；第二，密碼要真正體現保密原則。網銀會強制客戶採用數字加字母或符號的方式；登入和支付密碼也不能相同；另外，還要注意定期修改密碼。同時網路銀行使用完畢後，一定要退出交易，清除電腦資料庫中暫存的密碼，保障帳戶資金的安全。

2·避免從不明網站下載軟體

在日常生活中，我們經常從網路上下載一些軟體、音樂、電影，這就給木馬的入侵製造了機會。因此，下載軟體時要到官方網站或比較規範的資網下載，而且要及時安裝防毒軟體和防火牆，遇到來路不明的郵件時，也要記得先用防毒軟體掃描後再打開，而且也要注意不要瀏覽一些視窗提示不安全的網站。

3·密碼要真正有保密功能

盡量不要用自己或家人的生日等數字作為密碼，因為這樣就給了罪犯可乘之機。

4·定期對帳很重要

在現實生活中，很多人對自己的帳戶疏於管理，沒有保存任何的消費紀錄，因此即使帳戶上少了錢，往往也不會察覺。這就給罪犯提供了機會。所以女人要養成良好的習慣，包括對於轉帳和支付要隨時做好紀錄，定期查看各種交易明細。例如，在網銀能夠查看消費明細與轉帳紀錄以及具體的時間，方便檢查帳戶是否被盜。

【立即行動】

隨著網路銀行的發展，新問題也層出不窮。例如，有關懲處利用電腦犯罪的法律機制尚不健全；網路詐欺所導致的網路銀行事故的責任界定不明確等。因此，作為一位精明的女性，如果使用了網路銀行服務，必須注意安全防範，看好線上存摺。

簡訊銀行，握在掌中的理財專家

三十幾歲的錢女士可謂巾幗不讓鬚眉，丈夫在行政部門工作，她自己開辦了一家建材批發部。由於業務關係複雜，公司經常收到各地客戶的匯款。為了及時了解客戶的匯款情況以便安排出貨事宜，她幾乎每天都要臨櫃查詢，不僅浪費時間和精力，有時還會耽誤其他重要的事情。一次，一位大客戶急需購進一批建材，匯了貨款給錢女士。不巧的是，錢女士由於其他原因沒能及時到銀行查詢，等她趕到銀行時，銀行已經關門了。次日又恰逢雙休日，銀行不上班。儘管客戶多次來電催錢女士出貨，但是吃過虧的錢女士在沒有得到款項到帳確切資訊之前，不敢輕易出貨。最後，只好等到週一銀行上班後才急匆匆地趕到銀行查詢，並得知貨款已經於匯款當日到帳了。於是錢女士準備打電話向客戶道歉並出貨時，客戶卻打電話來，說由於錢女士不能及時出貨，錯過了最佳銷售時機，所以客戶決定取消訂單，並要求退回貨款。就這樣，已經到手的一筆大生意由於不能確定款項是否到帳而告吹，錢女士覺得非常可惜。

後來，在朋友推薦下，錢女士開通了簡訊銀行業務。此後，無論是白天還是夜晚，無論是工作日還是連假，只要有貨款到帳，錢女士就能透過手機簡訊及時獲悉。簡訊銀行幫助錢女士隨時了解客戶匯款情況，出貨也更加及時，這樣錢女士在圈子中的信譽也越來越好，生意自然蒸蒸日上。

上面的例子說明了銀行資訊的重要性。一般說來，簡訊銀行業務主要有以下幾點好處。

1．隨時掌握資金變動

開通簡訊銀行業務之後，只要女人因存款、取款、線上支付、匯款轉帳、刷卡消費、申購基金成交、薪水發放、支票到帳等原因造成帳戶資金變動時，銀行的服務系統就會自動以手機簡訊的形式告知。這樣就可以對銀行帳戶的資金變化情況瞭如指掌。這對於那些需要隨時掌握帳戶資金情況的人來說尤其重要。

另外，隨著科技的進步和犯案方法的高科技化，近年來盜竊詐騙屢見不鮮，客戶的資金被駭客竊取和盜轉。而且由於很多受害者不能及時發現資金的變動情況，警察要破案和挽回就更加困難。可是，如果開通簡訊銀行，一旦發生非正常資金劃轉，透過簡訊便能隨時發現異常，就可以及時向銀行及警察機關報案，對尚未盜轉的資金還可以立即凍結，從而避免造成更大的損失。

2．提醒服務貼身貼心

生活、工作節奏的加快，使得很多忙於工作的人對發行的國債、基金等資訊不能及時了解，往往等得知資訊之後，趕到據點購買時卻被告知剛剛賣完。但是，如果開通了簡訊銀行業務，銀行的服務系統會在第一時間向訂閱人發送國債發行等相關理財資訊，客戶可根據實際情況及時到銀行購買。同時，透過簡訊還可以與銀行預約購買國債、基金等理財產品的時間和額度。

另外，如果辦理簡訊銀行業務的女人有消費貸款或住房貸款，還可以隨時接收消費信貸繳費提醒和逾期催收通知等理財提醒簡訊。這可以避免因遺忘延誤還本付息，增加滯納金開支。

3．資金劃撥隨時隨地

手機銀行業務開通後，即可輕鬆繳電話費。我們與其把時間花費在去銀行的時間，倒不如開通方便的簡訊銀行業務。

【立即行動】

妳還在為攜帶大額現金的安全問題和一些手續費而煩惱嗎？趕緊開通簡訊銀行匯款業務！

創業有風險，融資需謹慎

事業剛起步的女人，往往會選擇貸款融資的方式來籌集創業資金，而由於她們創業心理的急迫性，只要有一家銀行願意提供資金，她們就會毫不猶豫地接受。甚至有人會選擇借高利貸，導致其生活及事業的負擔越來越重，最終到無法承受的地步，讓創業流產。那麼，對於想要創業的女人來說，怎樣融資才能使負擔最輕呢？一般來說，融資創業的女人應主要注意以下幾方面。

1．貸款要貨比三家

如果手中的貸款手續完備，還應該將各銀行的貸款利率及其他情況比較，從中選擇成本最低的銀行辦理抵押、質押或擔保貸款，以節省融資成本。

2．移花接木，用住房貸款創業

一般情況下，申請住房貸款比申請其他信貸方式較容易，而且其貸款利率也比其他信貸方式低。需要信貸融資的人，可以在這方面動動腦筋。如果有買房意願並且手中有足夠的買房款，但同時又有創業的想法，而手中的資金處於困難階段時，那就可先將買房款挪用於創業，然後向銀行申請住房貸款。

3．了解政策，享受低利率待遇

各家銀行發放商業貸款時，可以在一定範圍內浮動貸款利率。所以相對來說，公股銀行的貸款利率要低一點，但其手續要求比較嚴格。如果貸款手續完備，為了節省籌資成本，可以採用個人詢價招標的方式，對各銀行的貸款利率以及其他額外收費情況比較，從中選擇一家成本低的銀行辦理抵押、質押或擔保貸款。

4．選擇合適的貸款期限

按使用時間的長短不同，銀行貸款一般可分為短期貸款和中長期貸款，貸款期限越長其利率越高。如果創業女性的信貸資金使用時間較短，應盡量選擇短期貸款。例如，原本計畫申請兩年期貸款可以改成一年一貸，這樣不僅可以節省利息支出，還可以避免因金融政策調整（利率走低）而造成損失。

5．高效利用信貸資金

女人在創業過程中，當由於效益提高、提款以及淡季經營、投入壓縮等原因致使經營資金閒置時，就可以向貸款銀行提出變更貸款方式和年限的申請，直至部分或全部提前償還貸款。貸款變更或償還後，銀行會根據貸款時間和貸款金額據實收取利息，從而降低利息負擔，提高資金使用效率。

隨著社會的進步、觀念的更新，越來越多的女性開始創業。對於雖有創業想法但缺少第一桶金的女人，進行信貸融資時必須要掌握上述技巧。

【立即行動】

並不是所有女人都有資金實力雄厚的親友團，那麼，請選擇貸款融資的方式來籌集創業所需的第一桶金吧！

第6堂課

要有危機感，拒做房車奴

理財宣言

身為職場女性，一定要精打細算，合理利用現有資金來告別蝸居與車奴生活。為此，女人必須努力。

量力而行，不做房奴

很多職場女性已經不同於傳統女性了，她們不再有嫁個有錢人什麼都有的觀念，只要在經濟條件允許的情況下，她們都會購買一套屬於自己的房子。但是，對於首次購買房屋的女人來說，基本沒有經驗，盲目買房可能會使其消費方式和職業規劃發生很大的變化。所以，女人在買房之前一定要仔細分析自己的財務狀況，做到量力而行，資金方面應該留有更大的餘地，否則，就會面臨很大的經濟、生活壓力，從而淪為房奴。

娜娜在一家外商公司上班，月薪五萬，年底還會有兩萬多的獎金，收入頗為豐厚。娜娜在沒有做好財務規劃的情況下，毫不遲疑地在公司附近購買了一間房子。剛搬進新家的時候，娜娜覺得異常滿足，終於擁有了屬於自己的住房。可是月月還貸的生活讓娜娜覺得幸福已經離自己越來越遠。每個月，投資完股票後，只有兩萬多供自己支配。但是，這些錢哪裡夠用呢？每個月僅水電費、物業費、電話費等日常開銷就花光了，哪裡有閒錢去買品牌時裝，更沒有錢旅遊消費。這對於以前經濟寬裕的娜娜來說，現在的生活完全顛倒了，她成了房奴。

年輕的女人貸款買房，是為了提前享受物質生活，但是，很多人因為沒有合理規劃自己的財務情況，反而給自己增加了更沉重的負擔，給生活、工作帶來了很大影響。如此看來非常不值得。

女人想在住上新房的同時，又不做房奴，買房之前一定要注意以下幾方面。

1·趁早買房

根據經濟發展的整體規律，物價的整體水準呈上升趨勢。縱觀房地產市場的發展，房價始終都在上升。反正早晚都要買房居住，在經濟條件允許的情況下，房子還是越早買越好。

2·多付頭期款，合理投資股票

在計算個人住房貸款的時候，應該正確估量自己的資產，綜合考慮。先考慮能夠買得起的房子，再考慮自己喜歡的房子，最後還要估計自己的還貸能力。

年輕人買房應做到量力而行，這就要求投資股票一定要合理。關專家計算，買房還貸支出應占家庭總收入的百分之三十左右。

3·眼光要長遠

買房對於每一個家庭來說，都是一件大事，它並不像普通的小件商品一樣可以退換。房子最少也要住幾十年，所以在買房時一定要把目光放長遠，權衡利弊，才能不做房奴。具體應注意以下三方面：

1) 根據自己工作地點和工作的穩定程度，盡量選擇大眾運輸沿線的房地產。這樣可以減少一部分交通費。

2) 做好未來五到八年的基本生活規劃。如果將來會有重大變動，如結婚、生子、出國等，現在購買的房子只要空間夠用就可以，不必非要買大房子不可。空間小，買房款也會相應減少。

3) 根據家庭的實際情況來選擇戶型，以避免不必要的浪費。例如，一房一廳適合工作不久的年輕女性；兩居室，建築面積在三十坪左右，更適合三口之家；三房兩廳或者更大的房子較適合事業和家庭穩定的女性。

4・還款要精打細算

銀行的貸款利率是與國家總體經濟形勢密切相關的，時而上調，時而下降。其實，只要在還款時精打細算，就可以節省成本、降低還款壓力。本息均攤，是還款額始終保持不變；而本金均攤，是還款初期額度大、後期還款金額逐漸遞減。前一種更適合月薪水收入相對穩定沒有很大起伏的人；後一種適合有一定經濟基礎和月收入較高的人。

【立即行動】

1. 如果經濟能力許可，資金收入有保障，那最好能在利率不斷提高時提前還貸。
2. 買房前，在考慮房屋結構、周邊環境、公共設施的同時，也要考慮住房的使用成本、增值潛力等因素。因為買房不僅是消費行為，還是保值增值的投資行為。
3. 要盡自己的最大可能多付頭期款，盡量減少還貸的壓力。

投資房地產需謹慎

因為多數人投資房地產一夜成為富翁，所以越來越多的女人也紛紛將投資眼光轉向房地產。炒房已經持續了很長時間，因為沒有選到升值空間較大的房子而賠錢的人也不少。無論是買房理財還是自住，我們都需要仔細分析才可下手，而在選擇房地產時，應從以下幾個方面做起。

1．選擇最佳地段

市中心的房地產具備投資地段稀缺性能，既方便出租，又利於出售。所以投資市中心的房地產，價值可觀。

如今，隨著城市規模擴大，政府在整體規劃設計上也更注重社區的品質和居住環境，因此新社區房地產增值可能性也很大。

2．交通便利

要選擇交通便利的房地產，但也不宜臨近主要街道。這樣的地段人氣旺，與城市的主要商業中心區距離也不太遠，是商家必爭之地；與機場、車站、碼頭以及景點都有道路相連，可充分滿足居住者工作、生活、娛樂和旅遊的需求。此類房地產在市場上有一定的需求，房價基本上不會下跌。

3．選擇優質開發商

眾多女人在買房時要全面考查開發商的實力，對其資質和房地產有全面的認識，最好是選擇那些有實力、有品牌的開發商。此外，一定要記得查看土地使用契約等是否齊全，以及房屋是否可以交易，盡量降低風險，讓自己買到既安全又有價值的房地產。

4．低價購進

開發商在預售房屋時，價格一般都很低。因此，如果信得過開發商，不妨抓住這一時機選擇戶型、朝向等都不錯的房子。不僅價格低，而且未來的升值空間也大。

5．看好社區周邊的環境

看房子、選房子一定要注意三個原則：周邊安全、乾淨衛生、交通便利。此外，商場眾多，交通方便，生活、休閒都非常方便的成熟地段的房子，其增值空間也很大。

6．瞄準長線利潤

房地產投資是一種長期投資方式，不會有太大的風險，而相比較而言，投資房地產收益也較高。如果房地產增值每年達到百分之十，就完全可以超過存款利息。再如果頭期款是房價的四成，粗略計算一下，投資收益可達百分之二十以上。由此可見，長線投資房地產收益較高。

【立即行動】

1．未來到到底房價是繼續飆升還是降落，誰也說不準。因此，在投資時需要理智和謹慎，不要盲目買房。
2．對投資者來說，房地產投資本身是一個比較長久的投資管道。

投資小店面，獲利穩又多

對於女人而言，投資精華地段大店面當然會獲得高收益，但高收益和高風險是對應的，並不是人人都能承受。這時，不妨轉換一下思路，將眼光放在總價低、風險小、報酬大的商店上。

莉莉大學畢業後，在一家外商工作，收入不錯。工作幾年後，她有了一筆數目不小的存款。由於沒有考慮結婚買房的事情，因此她將這些存款暫時存放在銀行。

莉莉的哥哥是一家五星級飯店的廚師。一天，他找到莉莉，說在忠孝東路看上了一家店面，臨近捷運，交通便利。他和莉莉商量，想合資買下這家小店面，開一家服裝店。經過一段時間的考慮，莉莉決定接受哥哥的建議。

決定投資之後，莉莉仔細考察了店面周圍的環境，認為由於臨近捷運，人流量非常大；而且附近有許多建設中的大樓，建成後又會帶動周圍經濟的發展，引來大量顧客。於是，莉莉毫不猶豫地買下了這個店面。接下來，莉莉便與哥哥一起商討應該做什麼生意。莉莉考慮，如果投資做服裝業，由於她和哥哥都沒有這方面的經驗，開業後需要請人幫忙，需要投入大量的人力、物力，這樣不太划算。在莉莉的說服下，哥哥決定不做服裝業。為了保險起見，二人最終決定將商店轉租。

仔細調查該地區店面的租金情況之後，莉莉貼出了轉租的廣告。一週之後，一個做藝術品買賣生意的商家找上門來，與莉莉談好了條件便將店面租了下來。一年後，承租者的藝術品小店生意興隆，莉莉也因此得到了一筆可觀的收益。

莉莉投資的成功離不開她敏銳的市場觀察力，以及全面的前期準備工作。在日常生活中有許多像莉莉這樣想投資小店面的女人，但是，她們認為，投資商店需要投入較多的資金，一時間拿不出那麼多錢。其實不然，如果想投資小店面，只要做到以下幾點即可。

1．眼光要超前

在投資小店面時，眼光一定要超前。因為只有快人一步，才能搶占先機。通常情況下，一定要選擇有發展潛力、升值空間較大的新商場做經營店面。另外，社區臨街小店面有價位低、升值潛力大、客源有保證等優勢，也是一個不錯的選擇。

2．考察該區域的商業氛圍

在投資小店面之前，要考察該區域的商業氛圍，如人口密集度、消費水準、日均人流量等，其中，以人口密集度較高區域的小店面為最佳選擇。

3．交通便利

在考慮小店面是否值得投資時，交通是否便利也是應考慮的重要因素之一。公車站、火車站、捷運站附近，旅客較多，宜進行商店投資，開辦如旅店、飯店、商店等；而商業區地段則是居民購物、聊天、逛街、休閒的好去處，宜開辦各種商店，如服裝店、飾品店、小型超市等。

4．商店面積要適中

從租戶經營規模、自身承受風險層面考慮，商店面積不宜太大或太小，以適中為最佳。例如，小餐廳、便利商店等，較易於接受十五到三十坪的商店面積，與大面積商店相比，具有市場層面廣、易於出租、投資較小、風險較小等優勢。

5．了解商店的用途和結構

女人在準備投資商店前，一定要對商店的用途了解清楚，如可否經營餐飲行業等，以防商店長遠收益受到影響。當然，也要搞清楚商店的內在結構，如層高多少、是否能裝夾層等。因為對於經營者來說，層高在五公尺以上的商店，透過加裝夾層，可由一層變為兩層，可供使用的空間相對較大。

【立即行動】

1．要有長遠眼光，關注一些新開發的城區。
2．要有比較敏銳的洞察力，能夠承擔一定的風險。新開發的地區，人流量必然相對較少，商店售價較低，可一旦選擇的地區發展起來，此地段就會有很大的升值空間，故可以把這些地段作為投資選擇。

買房省錢的學問

對於女人來說，花得少買得好不僅是一門學問，而且也是精於理財的表現。房子作為一種高價商品，其價值較大，少則幾十萬元，多則幾百萬元。為了避免花了大價錢卻沒有買到好房子的情況發生，在買房時一定要學會適當的省錢絕招。

與新房地產相比，銷售後期的剩餘空房在價格上有絕對優勢，這是吸引眾多人紛紛購買的原因之一。在買房時，當然並不是只有購買空房這一種省錢的方法。只要從以下幾方面做起，就會有意想不到的收穫。

1．買精不買大

許多女人在買房時，只要經濟條件允許，就會追求大面積，最後不僅花費了許多錢，卻沒有買到實用的住房。其實，房子並非越大越好，最理想的標準就是布局合理、分工明確、夠用就好。例如，一對年輕夫婦，住在四十五坪的房子裡，不僅缺乏人氣，而且整理、打掃起來也比較困難。因此，在買房時一定要有買精不買大的觀念。所謂的精，指房型緊湊，走廊、陽臺等布局合理，大廳沒有過大等。購買的住房面積要根據個人的實際情況而定，避免無謂的面積浪費。

2．在預售屋開盤之初購買

在預售屋開盤之初，開發商為了吸引更多的買房者，通常會開展一些優惠活動，但是，這種優惠往往與預售屋的升值預期聯繫在一起。因此，女人應把握這一時機去殺價，相信會有意想不到的收穫。

3．一次性付款，得付款折扣

買房者在購買房屋的時候，開發商樂意接受兩種付款方式：

一次性付款和貸款付款。值得注意的是，一次性付款的資金壓力較大，買房者需要承受的風險也較高。因此，買房者在付款之前，一定要考慮清楚，是否能夠一下子拿出全部的房款；拿出房款後，是否會影響日後的裝修、生活品質等。因此，如果家庭條件較好、承受風險的能力較強，就盡量選擇一次性付款的方式買房。這樣做，同樣不失為一個省錢妙招。

4・團購

現在住房團購的方式有許多種，可以根據自己的實際情況，選擇參加公司舉辦的團購，或參加親朋好友、網友自發舉辦的團購等。但是，在團購時一定要注意住房團購的陷阱：有些住房團購社團，表面上以折扣較高的優惠價來吸引買房者參加，實際上卻是開發商的陰謀。如果不小心參加了這樣的團購活動，不僅一分錢也省不下來，反而還會花很多冤枉錢。

5・享受拍賣房的優惠

現在隨著銀行處理有毒資產的力度越來越大，相關經濟糾紛案件不斷增加，房地產拍賣的物業也不斷增加。拍賣物業有一個特點：住宅拍賣接近市場價或者低於市場價百分之十～百分之二十。因此，在拍賣行購買物業，成為許多年輕女人的一種買房方式。這樣做，同樣可以享受一定的優惠。

【立即行動】

1．買房殺價時要不動聲色，多方了解，多掌握背景資料。

2．買房時要頭腦清醒，見機行事。

房貸不用愁，聰明巧減壓

如今貸款利率一路下滑，房貸業務表面看似無利可圖，但仍然是各家銀行競相爭奪的蛋糕。在這種鷸蚌相爭的情況下，老百姓作為旁觀的漁翁，只要掌握恰當的技巧，完全可以從中得利，找到適合自己的還貸方式。

雯安大學畢業後在桃園某公司擔任財務會計。婚後在親朋好友的幫助下，湊足了五十萬元，勉強貸款購買了一套面積為三十坪的三室兩廳的房子。面對如此大的房貸壓力，夫妻倆無奈之下決定將剩下的兩間房屋以每間五千的月租出租。可是，在仲介公司工作的阿萍告訴她：妳們的房子雖然大卻缺少私人空間，再加上房租較高，很難租出去。

買房子是為了提高生活品質、改善生活環境，如果為了還房貸，而淪為房奴，讓生活產生很重的壓迫感，可謂得不償失。

1．房屋轉貸

房屋轉貸即由新貸款銀行幫助客戶尋找擔保公司，以還清原貸款銀行的錢，然後在新貸款銀行重新辦理貸款。如果銀行不能提供低折扣房貸利率的服務，就可以選擇房屋轉貸的方式，尋找一家比較實惠的銀行。據了解，在激烈的市場競爭環境下，大部分股份制小銀行為爭取客戶，更願意提供轉貸款服務，同時也能提供更優惠的貸款利率。

2·按月調息

很多商業銀行陸續推出了固定利率房貸業務。由於固定利率推出時正巧處在利率上升的背景下，所以在設計時比同期浮動利率略高。不過一旦中央銀行加息，它的優勢便會立即突顯出來，但若降息，選擇它的買房者可能就會遭受一部分損失。因此，如果出現降息的情況，女人之前若選擇的是房貸固定利率，最理智之舉就是趕緊轉為浮動利率。

3·雙週供省利息

雖然每個月要償還同樣數額的房貸，但是由於雙週供使還款週期縮短，比原來按月還款的頻率高一點，其結果是貸款本金減少得更快。換而言之，在整個還款期內所歸還的貸款利息，將遠遠小於按月還款時歸還的貸款利息。由此可見，還款週期的縮短，同時也節省了借款人的總支出。

4·提前還貸縮短期限

由於不是所有的提前還貸都能省錢，所以在提前還貸之前最好要算好帳。例如，還貸年限已經超過一半，月還款額中利息大於本金，那麼提前還款也就沒有什麼意義了。

除此之外，如果已經提前還了一部分貸款，那償還其餘的貸款時，女人應選擇縮短貸款期限，而並非減少每月的還款額。因為銀行主要是按照貸款金額占據銀行的時間成本來計算和收取利息的，所以選擇縮短貸款期限才能有效減少利息的支出。如果貸款期限縮短後正好能歸入更低利率的期限檔次，節省利息的效果也就顯而易見。而且在降息的過程中，往往短期貸款利率下降的幅度更大。

【立即行動】

1．部分銀行推出了按月調息的方式，並且目前利率出現下降趨勢，女人若選擇按月調息，那麼在次月便可以享受到利率下調的優惠。
2．調息的時候，需要注意的是，固定利率在改為浮動利率的過程中會收取一定的違約金。
3．每月向銀行還款的日期不斷提前，一年算下來差不多就要多還一個月的貸款，這樣貸款人每個月資金就不寬裕了，會使其經濟壓力增大。因此對於工作和收入都很穩定的女人來說，選擇雙週供比較合理。

女性買房的一些注意事項

許多女人對待買房都很謹慎，因為買房是一件大事，它需要很大的開支，需要較複雜的計算，並且有很大的理財空間。同時對於大多數買房的女人來說，買房時遇到的很多問題都是在所難免的。

周女士在市區看中一套住房，價值為四百五十萬元。由於買房心切，她向房地產仲介的工作人員詢問：請問，這間房子的房齡是多少？房地產工作人員說：只有兩年。周女士一聽，對這間房子更加滿意了，並沒有仔細查看不動產證明，便與房東簽訂了合約並支付了定金。

幾天後，再次拿出不動產證明，周女士才發現上面清楚地寫著房齡已有四年，根本不是仲介公司所說的兩年。周女士以仲介公司存在欺騙行為為由要求退房，於是雙方發生糾紛。

後來，經過調解，仲介公司與房東取得聯繫，最終將定金退還給了周女士。

客觀來講，仲介公司的做法雖然有疏失，但關鍵在於周女士簽訂合約並支付定金時未看清不動產證明上的日期。日常生活中，很多女人在買房時，由於粗心大意，釀成大錯，損失的不只是錢，甚至有時會因此捲入官司，最後再想挽回已經來不及了。如何才能避免出現這種情況呢？一般來說，需要從以下幾方面做起。

1．擦亮眼睛，警惕虛假廣告

為了更好地宣傳房地產，大多數房地產廣告設計得都非常精美。很多女人就是因為看到了這樣的房地產商的廣告，才有了購買的念頭。而一些地產商為了追求高利潤，用樣品屋來欺騙消費者。樣品屋品質、結構與實際所交房不符，其裝修中利用視覺誤差縮減裝修成本等都是一些典型的虛假廣告。為避免出現這種情況，女人在買房時一定要仔細閱讀買房合約中的內容，必要時還要把廣告宣傳的內容全部載入正式的合約中。只有這樣，才能做到萬無一失。

2・首先確認公共設施

看房時，女人很少關注房地產的公共設施，而開發商在銷售項目時會對今後的生活公共設施承諾得完美無缺，但是，當我們真正買下房子時，才發現他們的承諾其實都很虛。所以在買房時，一定要冷靜分析各種公共設施存在的可能性和合理性，不要被表面現象所迷惑。此外，還要調查周圍是否有替換的設施等。如果連這些問題開發商都沒有保證，女人就要多加小心了。

3・內部認購需謹慎

房地產商內部認購的商品房價格普遍不高，所以有很多人將眼光放在這種預售商品房上。需要注意的是，一些內部認購的商品房是在開發商未取得許可的情況下銷售的。即使交錢買了下來，這樣的房地產也不受法律保護。

4．挑選優質物業管理

一些物業管理公司的服務是開發商強迫業主接受的，這樣就損害了業主的正當權益。甚至有的開發商在業主入住後偷梁換柱，以此充數，私自更換物業服務。所以在簽訂房屋買賣合約時，一定要考慮物業因素，對於有些指定的物業管理公司服務期限超出一年的合約，就應提出反對意見。

5．警惕亂收費

物業管理公司亂收費，通常表現在以下幾方面：超出核准的價格收取管理費；擅自提高收費標準，賺取收費差價；擅自增加項目建設，而將費用分攤給業主。

6．買房合約要詳細

有的女人在買房時與房地產商簽訂了買房合約，但合約上會留有空白作為合約的補充條款。如果雙方沒有補充條款，女人就要小心了，合約的空白處不要讓開發商填寫補充協議，應畫上橫線，以示標記。

【立即行動】

1．慎重購買內部商品房。如果購買低價房，應選擇信譽好、實力雄厚、具有市場品牌的房地產。
2．簽訂買房合約時，一定要耐心、仔細，遇到空白處應填上自己應有的權益內容。如無須填寫時，也應畫上橫線。

如何買車，性價比優先

阿靜和小琪是大學同學。畢業後，阿靜回到家鄉創業，小琪留在臺北打工。五年以後，兩人都買了汽車，雖然品牌不同，但是價格都是四十多萬。買車兩年後，阿靜開車到臺北看望小琪，並抱怨自己的車開了一年以後就經常出一些小問題，於是她想換一輛車。她問小琪的車有沒有什麼問題。小琪說開了兩年多了，沒有出過問題。

阿靜說：我這次來臺北，就是想讓妳陪我看看車的。我想買一輛新車，然後把舊車賣掉。小琪欣然同意了週末，小琪帶著阿靜去看新車，一路上告訴阿靜許多與汽車相關的知識。聽了她的話，阿靜才明白，原來買車也是一門學問，難怪自己的車沒開多久就總是出問題。小琪說：其實當初我也是向朋友諮詢後才知道，一定要對汽車有一定的了解，才能買到物超所值的汽車。

可能有不少準備買車的女人都像阿靜一樣，由於缺乏汽車類的相關專業知識而購買了品質低劣的汽車。其實，這種情況完全可以避免，不過就要求女人從以下幾個方面著手，掌握一些相關知識。

1．引擎

引擎是汽車的核心零件，它的好壞決定著整部汽車的品質。因此，女人在買車時要慎重挑選引擎。

1）品質

很多人認為，引擎都是廠商批量生產的，應該沒有什麼差別，況且也無法檢查引擎的品質。其實不然，一母生九子，九子各不同，同一廠商生產的引擎也不可能完全相同，更何況有些汽車還是經過維修之後重新上市的。

至於挑選的方法，可以採用聽音法。聽音法分為遠聽法和近聽法。遠聽法就是啟動兩輛汽車，人站在中間位置，與兩車距離相等，如果其中一個聲音較大，則可以淘汰。近聽法是指打開汽車前蓋，耳朵幾乎貼在引擎上，仔細傾聽其中有沒有雜音。如果只有呼嚕呼嚕的聲音，就是好的引擎。如果其間伴隨著其他雜音，則說明引擎內部結構不是特別契合。

2）排氣量

引擎排氣量是考評引擎性能的核心指標，必須加以重視。

引擎的排氣量越大，其輸出功率就越高，加速性能也越好。但是，大排氣量汽車的耗油量也高。所以在考慮引擎性能的時候，也要注意汽車的耗油量。

3) 氣門結構

以前的汽車引擎上只有兩個氣門：一個進氣門，一個排氣門。這樣的引擎雖然成本低，但卻很難滿足大功率輸出的需求。為了滿足人們對汽車的需求，現在的汽車引擎大都採用多氣門結構。因此在其他性能差別不明顯、價格相差不大的情況下，最好選擇多氣門結構的引擎。

2・安全系統

隨著汽車數量的增加，交通事故也在不斷增加，汽車的安全性就顯得特別重要。所以在購買車輛時，要盡量選擇安全系統齊全的車型。一般來說，汽車的安全系統包括主動安全系統和被動安全系統。

主動安全系統是汽車設計者對汽車制動和動力裝置進行的一種特殊設計，使汽車具有更好的安全性。在遇到意外情況時，它可以及時控制車輛，保護自己，降低事故的危害。而主動安全系統主要包括以下系統。

1) 防鎖死煞車系統

防鎖死煞車系統（ABS），其作用就是在煞車時防止車輪鎖死，這樣一來，可以使汽車在制動時，車輪與路面的摩擦仍屬於滾動摩擦，增加車輪與路面的附著力，保證了汽車方向的穩定性，及時控制車身，同時縮短了制動距離。

2）電子制動力分配

電子制動力分配（EBD），可以依據汽車制動時所產生軸荷轉移的不同而自動調節前、後軸的制動力分配比例，使制動效能提高，從而配合 ABS 提高汽車的制動穩定性。

3）循跡控制系統

汽車在起動或緊急加速時，輪胎很容易打滑。若行駛在附著冰雪的光滑路面上時很容易出現方向失控的情況，從而導致危險情況的發生。循跡控制系統（TCS）透過電子感測器探測到車輪轉動速度，如果從動輪速度低於驅動輪（打滑）時，系統就會發出訊號，並採取一系列措施，使車輪不再打滑。

4）動態穩定系統

動態穩定系統（ESP）是以 ABS 為基礎，透過外圍的感測器收集方向盤的轉動角度、側向加速度等資訊，經過微處理器加工，再由液壓調節器向車輪制動器發出制動指令，來糾正側滑。

被動安全系統是指車內安裝的安全帶、安全氣囊、保險桿、安全玻璃等安全系統。當出現事故時，這些裝置能夠提供堅固的支撐來保護車內人員安全。

3·行駛里程

市場上有些汽車是經過廠商維修之後，又以新車的姿態出現在市場上的，如果買到這樣的車，其性價比顯然會低於新車。可以進行如下檢驗：啟動引擎三分鐘後熄火，拉出機油尺查看機油的顏色。如在機油尺上看不出，可用面紙擦拭，油呈黑色的說明是舊車。

4·尾氣排放標準

近年來世界各國對環境問題極其重視，而汽車尾氣的排放也受到了嚴格的限制。繼續提高汽車尾氣排放標準是社會發展的必然要求，所以在買車時要注意選擇符合高排放標準的車型。否則，一旦標準有所提高，自己的愛車就會被淘汰。

【立即行動】

1· 仔細檢查汽車引擎、安全系統、行駛里程等，確保汽車品質。
2· 詢問並清楚地了解尾氣排放量等細節問題。
3· 上車試駕，仔細感受汽車是否存在問題。

選一款適合自己的汽車

對於女性來說，房子和車子是兩大消費品。看著各式各樣的汽車，根本不知道買哪一款才好。因此在準備買車時總會有一些緊張，想要收集全面的資訊，每天都關注網路上和報紙上汽車方面的資訊；向親朋好友打聽各種車型的性能。其實，這些問題女人大可不必擔心，只要根據自身的條件選擇適合自己的，就是最好的。

張小姐是一家電視臺記者，負責民生新聞的採訪工作，經常需要深入社會家庭中。雖然電視臺有一定數量的採訪車，但是很多記者都要用，所以用車情況還是很緊張的。而且張小姐常常要到鄉鎮，來回路程比較遠，山路又難走。如果司機等著她採訪，就會耽誤他人用車。如果司機先回市裡，最後還要去接張小姐，來回要跑兩趟。

於是，張小姐和電視臺主管商量，決定自己買一輛車（電視臺給予一定的補貼）。主管聽了，覺得對工作有利，沒多想就批准了。張小姐很快確定了自己的購買車型：一款四輪驅動、引擎性能很好、動力很強勁的越野車，價格約一百萬新台幣。這款汽車的磨損非常小，特別是在路況比較差時，而且獨特的懸掛設計可以確保乘坐的舒適性。

很多朋友都勸她：一百萬能買一輛中級轎車，那樣開著多帥！而張小姐卻說：其實，我買車只是為了方便工作，而不是為了面子。果然，這輛車被張小姐開了兩年多，也沒有出現什麼問題，且非常方便。

買什麼樣的車，取決於自己的需求，不要進行比較。如果一味追求名牌、外觀、檔次等，買了不實用的汽車，不僅沒有為生活帶來方便，反而會花費很多錢，豈不是得不償失嗎？為了避免出現這種情況，女人應當考慮以下幾點。

1．自身經濟狀況

市場上售賣的汽車種類繁多，有十幾萬元的車，也有幾百萬甚至數千萬的豪華車。買車時，首先要考慮自己的財力。需要指出的是，買車盡量不要傾盡所有。因為買車後除了自己平時的正常開支外，還會多支出一定數目的保養費、維修費、停車費等養車費。這可能會讓經濟狀況越來越緊張。而那些貸款買車的女人還要考慮到投資股票、養車費、生活費與月薪之間的比例關係。

2．主要用途

買車時當然要考慮汽車的用途。如果僅僅是在市區作為代步工具，那麼就沒有必要過分要求汽車的動力性能和各種配備，只需要考慮安全、節油等比較實際的指標就可以。需要注意的是，上下班時容易塞車，買車時應考慮到引擎在低轉速情況下的性能；如果工作的場所在城外，道路狀況不佳，上下坡較多，那麼可以考慮運動型多用途汽車（SUV）。

但是，總體來說，女人更適合安全性強、操作簡單、小巧美觀的車型。

3．個人喜好

個人喜好也是一個極其重要的因素，可能一款汽車的安全性、舒適度和價格等都不錯，但自己就是不喜歡，即便在眾人的勸說下購買了它，心裡也覺得不舒服，甚至出門時很少開車。買車就是為了使用，當然要選擇一款自己喜歡的車。所以買車時，一定要考慮到車體外形、顏色、車內裝飾、車內音響等因素。

【立即行動】

1．根據自己的喜好，選擇一些美觀而又實用的車型。
2．仔細考慮買車的主要用途，找出原來設想的車型中有哪些不符合的因素，然後將其排除。
3．根據自己的財力，選擇恰當價位的車型。
4．此時中意的汽車應該所剩無幾了，再一次根據自己的喜好選擇，購買一款自己最滿意的汽車。

買車時節最好找淡季

王女士剛結婚，想要買一輛汽車，丈夫朱先生建議道：我們先去度蜜月吧，等回來之後再買車也不遲啊！王女士卻說：我們開車去度蜜月不是更好嗎？於是，王女士就花六十萬元買了一輛汽車。

等到度蜜月回來之後，發現該款汽車的售價已經下降到不足五十萬元。這是為什麼呢？原來他們買車的時候，正值汽車銷售旺季，價格相對較高。丈夫半開玩笑地說：怎麼樣？不聽老人言，吃虧在眼前吧！王女士說：降價的車子肯定品質有問題。雖然嘴上不承認，但是王女士比丈夫還要心疼那多花掉的十萬。

現實生活中，像王女士這樣的人有很多，由於買車心切，吃了大虧，損失了不少金錢。其實，任何商品都有打折、促銷的時候，只要能沉得住氣，一定能夠花最少的錢買到最實用的汽車。當然，該出手時就出手，不要因猶豫不決而貽誤了時機。那麼，到底什麼時候該出手呢？

1・淡季

各行各業都有淡季、旺季，汽車銷售也不例外。旺季的時候，人們排隊買車，價格自然一漲再漲；淡季買車，價格相對較低，而且服務周到。因此買車時，一定要抓住汽車銷售淡季這一大好時機。

1) 三月

三月是一個辭舊迎新的時段。一方面，上一年度沒有完成銷售任務的廠商或者經銷商會降價處理汽車；另一方面，很多商家也希望在春節之後盡早推出新產品。所以對於那些舊款車型，則是盡量地低價處理。此外，春節期間是汽車銷售的旺季，上一年度計畫買車的朋友都在春節期間買到了汽車，春節之後的車市自然會有所冷落。

2）七、八月

七、八月正是一年當中最熱的時候，可謂天氣如火。與之相反，人們的買車激情卻大大下降了。一般來說，新款車型在年初推出，並且在四、五月已經大賣了一場，這時候來買車的人會比較少。為了吸引顧客，汽車銷售商會舉辦一些促銷或優惠活動。所以這時買車，往往能夠得到更多的實惠。

3）十一月

對於汽車業來說，十一月是一個消沉的時段。很多汽車銷售商年底為了達到一定的額度，爭取更多的客戶，往往會降低價格。在這個時間段買車，無疑會節省一筆不小的開支。

2．月底

汽車每個月的銷售量，一般都是汽車銷售商在年初制訂下來的。所以一到月底，完成任務的銷售商非常高興，會讓利於消費者；而那些未完成任務的銷售商自然十分著急，也很可能會低價出售產品以增加銷售量。所以，建議盡量在月底買車，這也不失為一個省錢妙招。

3．價格大幅下降之後

有時企業因某種原因，急需資金回流，無奈之下只能低價出售產品，而且降價幅度遠遠超過了一般活動時的優惠。當然，也許有人會認為，這樣大幅地降價，可能是車輛品質出現了問題，但是現代社會開放的資訊市場讓女人無須擔心，大可排除這種可能。

【立即行動】

1. 物色一款想要的車型。
2. 由於每隔幾個月就會出現一個汽車銷售淡季，所以要耐心等待淡季的到來。
3. 留意汽車銷售商推出優惠活動的廣告以及汽車價格下調的資訊。
4. 時機到來，立即出手買車。

理財新風尚：先買車後組裝

女人可能會疑惑，汽車不都是裝配好的嗎？正是由於汽車都是裝配好的，所以消費者沒有太大的選擇餘地，愛車者也就無法彰顯自己的個性。最重要的是，廠商生產的汽車，裝配規格基本上是按照汽車的價位進行的，普通汽車的配置比較普通，而較好的配置一般會出現在中高級車上。

現實中，很多女人並沒有足夠的資金購買中高級汽車，而且也不需要所有的高級配置，但是，又希望擁有部分高級配置，這就可以透過先買後配的方式來實現。

一天，田女士沒有開車上班，下班的時候就順路搭乘了同事李女士的車。坐上去之後，田女士感覺十分舒服，真皮座椅讓車內顯得潔淨清爽。開出鬧市區，車內的音樂響起，音響效果也非常好。田女士覺得自己原來每天開車上下班都沒有像今天這樣感到愉快。於是她就問李女士：小李，妳的車坐著真舒服，多少錢買的啊？李女士回答說：四時多萬，這車屬於經濟車型了。這時候田女士的眼睛瞪大了，說道：我的那輛車花了五十幾萬呢，但是，和妳這輛車的舒服程度相比差遠了，而且音響效果也沒有妳這輛車好。李女士笑道：車裡的各種零件都是我後來重新配備，又花了五萬多元，不過還是比直接買中高級汽車要便宜多了。

從上述案例可以看出，先買後配就是先購買一款價格較低的汽車，之後再根據個人的喜好配備。這樣做，不僅可以享受到高級車的感覺，彰顯自己的風格，而且還能省下不少錢。

其實，先買後配的方法，無論是對於廠商還是女人來說，都是一種雙贏的選擇。

1・廠商

假定購買了便宜的汽車之後，又請廠商的特約維修站配置真皮座椅、豪華音響、高級防盜器。如果是原車配置的話，廠商需要繳納消費稅，但是，現在廠商就不必納稅，而且又賣出了配件，何樂而不為呢？

2．消費者更划算

先買後配方法對於女性消費者來說，好處當然更多，主要包括以下幾點。

1) 在購買自己需要的配備的同時，省掉了購買不必要配備的費用。
2) 汽車險是以汽車價格為基礎計算的，這樣就可以少繳納一部分保險費。

值得注意的是，先買後配的方法雖然省錢，但是在已經裝配好的汽車上重新增加配件具有一定風險，所以在做出這一決定之前最好與廠商、經銷商、維修商協商並交換意見。

【立即行動】

1．購買一輛價格相對較低的普通汽車或者經濟型汽車。

2．按照個人喜好適當增加高級配備。

珍惜愛車，避免勞累過度

很多女人都奉行一分價錢一分貨的消費理念，雖然這句話有一定道理，但絕不是放之四海而皆準的真理，好比養車就不是如此。對於養車來說，勤保養、花高價保養並不是會保養汽車，如果不按照車輛需求，反而會促使愛車未老先衰。

夏小姐開始工作後的第一個生日，父親送給她一輛汽車。

雖然只是一輛普通轎車，但是對夏小姐來說，意義十分重大，因此夏小姐特別愛護這輛車，將其視如珍寶。不僅如此，每次保養愛車，夏小姐都很捨得花錢，什麼都用最好的，就連汽油也一定要用 98 無鉛的。

最近，她聽朋友說某品牌的噴油嘴清洗劑使用效果非常好，就是價格有點貴。她想都沒想，就去買了一瓶加入油箱。誰知，添加之後她的車並沒有變得動力強勁，反而在啟動時出現引擎抖動的情況。於是，夏小姐開車去了維修店，工作人員檢查後，對她說：都是那瓶清洗劑惹的禍。

這時候，夏小姐才明白，保養汽車並不是花錢越多越好。

對於自己的座駕，女人當然有理由去愛護，但是，愛護的前提是必須了解一個道理：並不是最貴的就是最好的，過猶不及。下面為女人提出以下注意事項，以避免為愛車消費過度。

1．汽油使用要遵循說明書

有些人以為數字越高的汽油動力就越大，對引擎越有利，所以有的人願意多花錢加更高數字的汽油，以為這樣對汽車的引擎和保養更有利。殊不知，這是對汽油的誤解，是完全錯誤的做法。

汽油添加劑的原理是提高汽油的辛烷值，可以更經濟地消費汽油，但這並不代表高數字的汽油能提高汽車的動力性能。所以在汽油使用過程中，還是要遵循說明書。

2 · 燃油添加劑盡量少用

燃油添加劑的使用，是為了彌補燃油在某些性質上的缺陷並賦予燃油一些新的優良特性。其添加量以微量為特徵，從百萬分之幾到百分之幾。一般情況下，只要在燃油中加入微量燃油添加劑即可。其實通常的汽油、柴油中已經添加了燃油添加劑，如果再次重複添加，不僅不會造成預期的效果，反而會加劇引擎的磨損，導致尾氣排放不合格。

如果經過檢測，證明確實需要使用燃油添加劑，那麼也要使用廠商認可的產品。

3 · 超額保險是浪費

很多女人對於汽車保險不夠了解，什麼保險都購買，以為多多益善，甚至有人還會買超額保險。所謂超額保險，就是說保險限額高於保險標的實際價值。例如，購買了一輛六十萬元的汽車，投保金額卻達到一百五十萬元。其實即便汽車全部損壞，最多只能得到六十萬元的賠償，這樣就屬於浪費行為了。

4 · 過度洗車打蠟會使漆面更早老化

正常情況下，一個季度給汽車打一次蠟就足夠了。但是，有些愛車心切的人會過度頻繁地清洗汽車，經常給汽車打蠟。事實上，經常為汽車洗澡不僅會導致車漆過早老化，而且還會導致車廂底板、車門底部等處出現鏽蝕。另外，不少汽車美容使用的洗車抹布中會夾帶細小的泥沙，洗車時車漆就會更多地受到泥沙的摩擦，從而加速漆面損壞，使漆面過早老化。

5・車內盡量少噴灑香水

許多女人喜歡香水，也願意在愛車內灑一些香水，營造一種香噴噴的氛圍。但很多香水，特別是廉價香水，不僅會對人體健康產生不良影響，而且還可能腐蝕車輛內飾。所以，盡量不要在車內噴灑香水等化學物品。

6・車內飾物不宜過多

許多女人會在車內放置很多玩偶等，其實這種做法是不對的，車輛是一種交通工具，並不是居住場所，放置的東西太多會徒然增加車內重量，致使引擎做無用功。

7・避免不必要的用車

很多女人為了炫耀愛車，經常與朋友開車出去兜風，即使沒有必要也會開車出門。這樣既浪費油，又損耗車，如果真的愛車，就應該珍惜它。當然，偶爾出去兜風是可以理解的，但不要過於頻繁。沒必要開車的時候，盡量讓車子休息。

【立即行動】

1．認真閱讀汽車使用說明書，弄清楚車輛需要的汽油型號以及是否需要燃油添加劑等；向汽車廠商詢問汽車所需的保養工作，做到適度保養汽車。

2．向有經驗的朋友諮詢，確定洗車、打蠟的大概週期，並根據具體情況安排汽車的保養日程。

3．減輕汽車的負擔，即減少香水、飾物以及不必要的使用等。

女性懂點維修與保養不吃虧

不少女人可能已經體會到養車要比買車難。但是，有些正準備購買汽車的人並沒有考慮到這一點。買車一時，養車千日。養車費用包括保險費、油料費、養護費、維修費，而這些費用是要年年交、月月交的，直到汽車報廢。如果女人購買一輛普通轎車，一直使用到其報廢，其所需要的養車費用要遠遠高於汽車本身的價格。

很多人買車的時候因一時衝動，不惜花掉所有積蓄，但是買回來之後發現，養車比養自己還費錢。而且由於自己是新手，對養車以及車輛維修的知識比較缺乏，因此花掉了更多的錢。

黃小姐大學畢業後不久，就用自己的積蓄購買了一輛汽車。但是，汽車買回來一段時間後她才發現，每個月汽車的相關消費要花掉將近五萬元。這樣的消費額度讓她感覺很吃力。後來她向經驗豐富的王小姐諮詢了一番，才知道自己在很多地方多花了錢。於是她調整了方法，終於將每月的汽車相關消費降至五萬元以下。

養車是一件花錢的事情，女人必須做好計畫，並且想辦法加以節省。因此，已經買車的和計畫買車的女人都有必要了解關於汽車維修保養的小妙招。

1．加油要及時

當油箱內油量不足時，燃油泵就會發熱，經常發熱就很容易被燒壞。所以女人要盡量保證愛車油箱內的汽油超過燃油泵芯，這樣燃油泵就不容易燒壞。

2．潤滑油沒必要崇洋媚外

潤滑油能夠減少各零件之間的摩擦，降低引擎內的溫度，增加各零件的壽命，提高引擎的性能。因此，添加潤滑油是很有必要的。有些人認為，進口的潤滑油會比較好，所以總是會選擇進口潤滑油。事實上，進口的潤滑油並不適合某些車輛使用，而且即便適合，其作用也不會比國產潤滑油好很多。

3．輪胎充氣要適量

輪胎不僅承載著整個汽車的重量，而且還要不停地滾動、奔跑，因此有些女人就認為充氣越足，輪胎就越不容易被損壞。但事實並非如此，充氣不足當然容易損壞輪胎，但是充氣過足，也會使輪胎承受更大的壓力，因而也容易使輪胎受損。

因此，要定期檢查輪胎壓力，至少每兩週要檢查一次，如果壓力不足要及時充氣。同時充氣之後也要進行檢查，不要使其內部氣壓過高。

4．定期保養，給愛車打預防針

中醫講究治未病，也就是防患於未然。汽車也是如此，如果不悉心保養，就容易出現較為嚴重的問題。這時候再對汽車進行維修，不僅需要付出高昂的維修費，而且會使汽車元氣大傷，直接淪為舊車。

但是，如果保養得當，發現問題的苗頭及時處理，汽車在相當長的時間內都不會出現太大的問題。一般來講，汽車行駛五千公里左右就需要進行一次保養。當然，如果行駛的路況較差，或者新司機經驗不足，也可以適當增加保養次數；如果司機經驗豐富，汽車狀況良好，則可以行駛六、七千公里做一次保養。

5．自己動手，解決汽車小毛病

利用閒暇時間多學習一些汽車知識，讓自己盡快成為一名經驗豐富的老司機，不僅能夠盡量地減少汽車的損耗，而且還可以在汽車出現問題時，自行處理。這樣既可以節省時間，又能夠節省費用。

另外，親自處理小問題還可以減少保險公司的理賠次數。而保險公司對於理賠次數少的客戶有其相應的優惠政策。這就意味著汽車出現大問題的時候，保險公司則可以負責賠償更多的費用。

6．汽車保險要避輕就重

很多女人為了避免麻煩，購買汽車後隨之為其購買一份全保，然而其中有些險種是沒有必要的。對需要投保的險種當然不能吝嗇，但是，一些沒有必要的保險則可以省略。因此，只要選擇一份恰當的險種組合就可以了。

如何選擇險種組合，通常要根據以下具體情況加以確定。

1) 如果開車技術還不是很穩，在行車過程中容易發生些小事故，那麼可以有針對性地在投保基本險種的基礎上增減附加險保障。

2) 如果開車技術不錯，平時也很注重安全防護和車輛的保養，並能夠保證保險期內不發生任何交通事故，車輛的價格也不高，則可以選擇續保相對基本的組合險種，如機動車交通事故責任強制保險＋車損險＋第三者責任險等。

3) 如果愛車已經步入退休年齡，那麼續保險種太多顯然不划算，那麼只需要續機動車交通事故責任強制保險，和第三者責任險等必要險種即可。

【立即行動】

1．記錄下自己一個月內在汽車養護上的花費，然後向有經驗的車主詢問，找出可以避免花費的項目，以及節省的方法。

2．按照這些方法進行汽車養護，如果有效，就繼續保持下去；如果效果不明顯，可以再一次進行探討，制訂出更好的措施，並加以實施。

第 7 堂課
組合投資，用薪才會贏

理財宣言

採取多方投資的理財方法，雖然風險較大，但掌握技巧後，收益也較高，是新時代女性的必修課之一。

玩轉股票：高風險也有高收益

隨著女性經濟收入的不斷增加，經濟上日趨獨立，越來越多的女性在嘗試高風險、高收益的投資方式。

股票可以使一個人一夜之間成為百萬富翁，也可以使他一下子一貧如洗。這就是股票的魅力，投機性強，但風險相對也很大。因此，投資股票這種理財方法，適合於承受風險能力較強、對金融市場波動較為敏感的年輕女性。

理財專家告訴我們，女人投資股票時，要牢記準、穩、狠、忍四字訣。

1 · 準

所謂準，就是要當機立斷，堅決果斷。當然，我們所說的準不是完全絕對的準確，如果大勢一路看好，就不要逆著大勢短倉，同時，心目中的價位到了就進場長倉。否則，猶豫太久失去了比較好的機會，那就只能望「盤」興嘆了。

2 · 穩

涉足股票市場，以小錢做學費，細心學習了解各個環節的細枝末節，看盤模擬做單，有幾分力量做幾分投資，寧下小口數，不可滿口，超出自己的財力。要知道，證券投資本身就具有較高的風險，如果再加上資金不足的壓力，患得患失，自然不可能發揮高度的智慧，那取勝的把握也就比較小。所謂穩，當然不是隨便跟風潮入市，要胸有成竹，對大趨勢認真分析，要有自己的思維方式和判斷，而非隨波逐流。當然，還要將自己的分析，時刻結合市場的走勢不斷修正，並以此取勝。換言之，投機者需要將靈活的思維與客觀的形勢分析相結合，只有這樣，才能夠使自己立於不敗之地。

3．狠

所謂狠，具有兩方面的含義。一方面，當方向錯誤時，要有壯士斷腕的勇氣認賠出場；另一方面，當方向對時，可考慮適量加碼，乘勝追擊。如果在股價上升初期已經大賺了一筆，不妨再將股票多保持一下，可再狠狠賺一筆。例如：B 股票上市，短短一週股票價格便漲了一倍。此時，張小姐認為該股票已經沒有升值空間，於是見好就收地拋掉了手中的股票。同時，她規勸同樣持有 B 股票的閨密王女士趕緊拋售。但王女士狠下心來沒有聽從張小姐的建議，繼續跟進，一個月後將其售出，比張小姐多賺了十幾萬。張小姐知道後雖然表面上無所謂，但背地裡卻後悔不已。

4．忍

股票市場的行情升降、漲落並不是一朝一夕的事情，而是慢慢形成的。多頭市場的形成是這樣，空頭市場的形成也是這樣。因此，勢未形成之前絕不可動搖，免得進出造成衝動性的投資。要學會忍，小不忍則亂大謀，忍一時，則風平浪靜。

【立即行動】

炒股就是這樣一個過程，要時刻觀察盤面走勢，用推理的方法，不斷分析，不斷驗證，從而找出股價的真實脈絡。

玩轉基金：利益與風險同在

基金受到越來越多職場女性的關注。事實上，基金是一種利益共享、風險共擔的集合證券投資方式，即透過發行基金單位，集中投資者的資金，由基金管理人管理和運用資金，從事股票、債券、外匯等金融工具投資，以獲得投資收益和資本增值。精明女人購買基金，就相當於把資金交給基金經理管理，省去了自己選擇品種的麻煩。基金比較適合中等收入的女性投資者。

購買基金是一種間接的投資和理財方式。基金經理對於一些想投資卻無暇管理的女性來講，無疑是一位理財的好幫手。妳既不用擔心自己如何去打理，也不用擔心市場的風險變化，一切都交給基金經理就可以了。此外，基金的風險較小。如果投資基金五到十年，它將是一種近乎零風險的投資方式，尤其適合職業女性的長期投資。

同其他投資一樣，基金投資也是有竅門的。理財專家指出，女性投資基金時，須掌握以下三個技巧。

1．適時進出

確定比較理想的時機，適時進出。適時進出，就是要根據整個市場行情進退。當預測行情看漲時，全力買進；如果行情看跌，就要迅速撤出資金。

採取適時進出投資技巧，沒有特殊的章法，也不如平均投資法那樣有分散風險、降低成本的好處。然而，因為證券市場漲跌幅度較大，所以經常有機會短線進出，賺取利差。還可以用調整持股比例的方式來操作。如操作恰當，會有較好的投資收益。同時，精明女性採取適時進出投資技巧時，必須明白運用這種方法的前提條件是要有一定的投資經驗，能夠對市場行情的變化做出比較準確的判斷，並且具有較強的投資風險承擔能力。因為準確預測高低點進出畢竟不是一件容易的事情，儘管能夠比較準確地把握市場行情，但也要能夠承受得住短期內市場可能產生的起伏。

2．定期定額

定期定額投資，實際上是投資學中的一種平均成本法，是指投資者與有關銷售機構約定每期的扣款時間、扣款金額及扣款方式，由銷售機構在約定的扣款日從投資者指定銀行帳戶內自動完成扣款和基金的申購。簡單來說，就是以較少的資金定期地購買基金，且不需要投資者定期到銷售點去購買。

盛女士決定對某支基金投資一萬元，按照定期定額投資計畫，她可以每月投資五萬元，連續投資十個月；也可以每月投資一萬元，連續投資五十個月。由於該投資方式每次投入的金額較小，盛女士可以透過約定轉帳，使帳戶內的資金長期自動工作，因此這種投資方法又被稱為懶人投資法。

無論當時基金的淨值如何，採用定期定額投資都是以固定的投資額購買基金份額。如果基金淨值較低，就可以多買一些份額；基金淨值上升，可以少買一些份額。上漲買少，下跌買多，這樣操作的結果就是，有效分散投資風險，促使投資者的平均成本比投資基金或股票的平均市場成本低。但需注意的是：基金定投方式固然是小額投資人蔘與股市獲利的最佳方式，但不是每支基金都適合定期定額投資。

對於一些上班族的女性，定期定額投資是一種非常合適的投資理財技巧，一方面可以用小額資金獲得收益，另一方面能幫助女性強制性地把錢存起來。

3·複利

投資共同基金，收益主要為利息、股利和資本增值。利息和股利是由基金經理公司分配給投資者的，資本增值則是由投資者出售其基金股份而獲得的。每支基金收益分配方式是不同的。有些基金常將利息、現金股利、股票股利分配給投資者，有些基金則配息、配利很有彈性，因此可選擇把利息、股利和資本利滾入本金，不取出來而換取額外的股份，由此讓資產不斷地累積。這種額外股份的取得，不需再付傭金就可以賺取較少的利潤。如果女性著眼於長期投資，採用將利息滾入本金的技巧，不失為高效理財的好辦法。

【立即行動】

精明女性投資基金時，必須提前掌握正確適當的投資技巧，選對投資目標，這樣才能獲得優厚的報酬。

玩轉債券：收益小但安全性高

債券是國家政府、金融機構、企業等機構直接向社會借債籌措資金時，向投資者發行，並且承諾按規定利率支付利息並按約定條件償還本金的債權債務憑證。

債券包含以下四層含義。

1) 債券的發行人（國家政府、金融機構、企業等機構）是資金的借入者。

2) 購買債券的投資者是資金的借出者。

3) 發行人（借入者）需要在一定時期內還本付息。

4) 債券是債權債務關係的證明書，具有法律效力。

債券理財，穩字第一。債券是經過嚴格規範的、有固定單位和收益並能轉讓的借據。由於它有固定單位，即票面值，又有固定的利息收益，同時又能夠轉讓，所以，它是一種有價證券，可以像股票一樣成為投資者的投資工具。

債券，簡單說就是代表債務關係的憑證。一個人持有債券，表明他是債券中所標明錢款的債權人，擁有在債券中約定的未來某一時間取回錢款並獲得利息收入的權利。債券的發行人，則是這筆錢款的債務人，表明他享有這些資金一定時期的使用權，並且承擔按期還款、支付一定利息的義務。具體說，債券可以從債權人和債務人兩個方面定義。從債權人的角度看，債券是證明持有人有權按期取得固定利息和到期收回本金的憑證；從債務人的角度看，債券是國家、地方政府、金融機構和企業為籌集資金，按法定程式發行，並承擔在指定時間支付利息和償還本金義務的有價證券。

女人準備購買債券時要注意兩個方面。

1．收集多方資訊

女人，首先要掌握詳細的資訊，才能做出適合自己的決定。隨著現代社會通訊技術的發展，各方面資訊都很多。首先，女性投資者要能從眾多資訊中找出對自己有用的資訊。然後，透過對這些資訊的分析，做出正確的決策。在債券的選擇方面，女人所需要關注的是能夠成為投資依據的資訊，大致有以下幾個方面。

1) 國家重要的經濟數據：消費者物價指數（CPI）、生產者物價指數（PPI）、工業品出廠價格、固定資產投資等。
2) 金融、財政數據：貨幣供應量數據、利率、匯率、稅率等。
3) 證券業監管資訊。
4) 市場交易數據：市場整體水準、整體交易狀況等。
5) 產業發展、公司經營、公告等數據。
6) 國際股市及大宗商品價格資訊。

2·選擇合適的債券

選擇債券基金前，要選擇基金管理公司。專家建議，可以從以下角度考查。

首先，看公司管理的基金資產規模、以往業績表現。如果管理資產規模較大、業績排名靠前，那麼該公司基本上可以信賴。

其次，看公司的投資哲學和經驗。應選擇投資經驗豐富、投資過程規範的公司。

最後，看公司服務。優秀的基金管理公司應能提供持續性的、專業化的帳戶和資訊諮詢服務。

需要提醒各位女人的是，投資債券過程中一定要注意債券的安全性。債券的安全性就是指債券持有人的收益相對固定，不隨發行者經營收益的變動而變動，並且可按期收回本金，即債券到期支付的償債能力。一般以信用等級作為衡量標準，憑證式國債的發行人是國家財政部，以國家財政為信用擔保，萬無一失，償債能力更是首屈一指。

【立即行動】

選擇最適合自己的債券或者債券組合，這樣就可以獲取較大的收益。

玩轉期貨：合約交易標準化

期貨合約對應的是實物，可以是某種商品，也可以是某種金融工具。而期貨交易就是指交易雙方在期貨交易所內集中買賣某種特定商品的標準化合約的買賣。在期貨市場中，大部分交易者買賣的期貨合約在到期前又以對沖的形式了結，也就是說買進期貨合約的人，在合約到期前又可以將期貨合約賣掉；賣出期貨合約的人，在合約到期前又可以買進期貨合約來平倉。先買後賣或者是先賣後買都是允許的，就一般情況而言，期貨交易中進行實物交割的只是很少量的一部分。期貨交易的對象並不是商品的實體，而是商品的標準化合約，期貨的價格也是透過公開競價達成的。

期貨是投資品種中風險較高的一類投資方式，人們通常稱之為「貴族遊戲」。之所以被稱為貴族遊戲，就是因為這個遊戲既可以使人瞬間傾家蕩產，也可以使人一夜之間成為百萬富翁。因此，理財專家建議：如果喜歡這種刺激的投資方式，並且也能夠承擔得起高風險，不妨嘗試一下這種深具趣味性的貴族遊戲。但是，如果沒有承擔高風險的物質基礎和心理準備，那麼應該盡早選擇離開。

下面介紹兩種期貨交易最基礎、通用的交易策略。

1．輸少贏多，機會牢把握

期貨買賣輸贏的機會經常是各占一半，漲跌都有可能，一次出擊有機會賺十個價位，也有風險虧十個價位，以賠率來講是一賠一。一次賺錢的上佳機會，除了基本因素傾向強烈、圖表訊號明顯之外，還必須具備輸一贏三輸一贏十這樣的好賠率。因此，精明的女性要把握好每一次營利的機會，或者說是輸少贏多的機會，正確操作，獲取利潤。

期貨走勢，再凶的熊市也會有底線，再強的牛市總有它的頂點。從現階段發展來看，期貨市場更是一個波浪接一個波浪，每一個波浪都有波峰和波谷。所謂輸少贏多的機會，就是在臨近圖表關口、心理關口、干預關口的頂部時做空頭，接近底部時做多頭。假若破頂穿底，立即停損，只是虧一點。如果真的成為了頂部或底部，那就能夠大賺特賺。

第一，從圖表中尋覓機會。例如，在升勢中，把小浪的底點連成直線，這在趨勢線中被稱為上升支持線。觀察趨勢線走向，當浪回頭時，意味著有營利趨勢，這時候應該迅速入貨。與此同時，應該設限跌破支持線來停損。這樣，虧的話只虧一點點，但賺錢的話就很可觀。

第二，尋找心理關口的機會。眾所周知，如果市場上較長時間沒有漲到某個價位，這個價位就會自然而然成為上升趨勢的心理關口；與此相反的是，如果長期沒有跌至某個大數價位，這個價位就會成為下跌勢的心理關口。如果想要盡量地在市場中獲得營利，就必須在上升勢起來的時候，迅速做空頭，同時需要在臨近下跌勢的關口時果斷做多頭。這樣一來，破關認賠也不過虧損一些零頭。如果幸運地不破關的話，利潤則非常可觀。

第三，從干預關口找機會。大多數的國家政府和中央銀行都會針對過分投機制定出相應的抑制策略，以此來穩定金融秩序，維護市場供需平衡。因此，看準國家的總體策略，在其對市場採取行動時抓住機會，常常能夠以少博多，獲得豐厚的利潤。

2．分配策略巧營利

分配的技巧和策略，一般來說有以下三種情況。

第一種是平均分配式，顧名思義就是每次加碼的數量相同。

第二種是倒金字塔式，也就是說每次加碼的數量都比原來有的二手物多一些。

第三種是金字塔式，這是相對倒金字塔式而言，每次加碼的數量都比前一批合約少一些。

如果市場行情較好，那麼從總體意義來說，無論按照哪種方式處理，都可以營利。然而，行情總有不好的時候，這時三種處理方式就會顯示出各自的利弊。

假設我們手中的資金一共可以做七十手合約，現情況如下：在每手價格為三千八百四十元時買入稻米合約，然後價格不斷上漲，於是在三千九百一十元時加碼，價格繼續上漲，於是到了四千零一十元再次加碼。在這種情況下，按時上面所述三種方式分配，會產生三個不同的平均價。

平均分配式：假如在三個價位，即三千八百四十元、三千九百一十元、四千零一十元時都買入同等數量的合約，可算出其平均價為三千九百二十元。

倒金字塔式：假如我們在三千八百四十元買十手，在三千九百一十元買二十手，到了四千零一十元加碼買四十手，由此可算出其平均價為三千九百五十七元。

金字塔式：與倒金字塔式相反，此時我們在三千八百四十元買四十手，到了三千九百一十元買二十手，而到四千零一十元時只買十手，那麼其平均價只為三千八百八十四元。

我們假設稻米的期價不斷上漲，那麼手中的七十手合約，平均分配式加碼會比倒金字塔式每噸多賺三十七元的價位；而金字塔式加碼比倒金字塔式多賺七十三元的價位。這樣看來，金字塔式的表現十分優秀。但是，假如稻米期價出現反覆，如升破四千兩百二十元之後開始猛跌，最終跌回三千八百七十元。這樣一來，一眼就可以看出倒金字塔式的弊病，那就是其平均價比較高，原先浮動的利潤會隨著跌幅而降低，甚至有可能一敗到底，所有資本都打了水漂。而平均分配式看起來虧損較少，甚至可能持平，然而也白忙一場，耗費了精力、財力。只有金字塔式加碼這種處理方式，因為其購入的貨平均價較低，且幅度波動不大，因此對大跌的抵抗力優秀，仍然有利可圖。

女人做空頭時道理也是一樣的。在高價空貨跌勢未止時加碼，應使用金字塔式。這樣，空倉起點時的數量保持最大，維持金字塔式結構，平均價比較高，在價格變動中可以確保安全。

【立即行動】

期貨投資領域沒有保證獲利的方法，但是，女人運用合理的交易策略，則可增加賺錢的機率。

玩轉外匯：長短結合巧獲利

外匯是一種以外幣來表示的用於國際間結算的信用憑證和

支付憑證。國際貨幣基金組織對外匯的解釋：外匯是貨幣行政當局（中央銀行、貨幣管理機構、外匯平準基金組織及財政部）以銀行存款、財政部國庫券、長短期政府證券等形式所持有的，在國際收支逆差時可使用的債權。

進入外匯市場無非買與賣，但根據持倉時間的長短和可獲利空間的大小，可以分為短線操作和長線操作。有的女人喜歡短線操作，有些人則喜歡長線操作。到底短線操作好還是長線操作好？長期以來兩方支持者各執一詞，都難以說服對方。

在現實中很多人經常會犯一些長短線操作的錯誤。

例如，一種情況是，市場上本來是一個短線反彈的行情，有人卻抱著長線操作的思維入場，最後落得深度套牢。另一種情況是，市場明顯處在中長線上漲趨勢中，有人卻忙進忙出短線操作，一看行情漲起來了，馬上追進去，追到了一個階段性的高點，接下來短線回調，趕緊停損出局；不久，行情又再度漲起來，又趕緊追進去，接下來又是停損出局。結果是一個大行情下來，並沒有賺到多少錢，可能還會遭遇虧損。這樣追來追去成了近視眼，只看蠅頭小利，卻錯失了賺大錢的機會，不僅操作成績不理想，而且還把心態搞壞了。

實際上，即使是最強勢的上漲趨勢，中間也會有短線的下跌。一般情況下，初入外匯市場的人如果進行了一次長線操作獲利很多，那麼她就會認定長線操作好。相反，如果是抱著進行長線操作的目的建倉，結果被深度套牢，那麼她就會認定長線操作不好，甚至還會產生排斥心理。這是先入為主的思想在作怪。無論是長線操作還是短線操作，如果某一次獲得了比較多的利潤，那麼她就會產生慣性思維，認定自己就應該進行長線操作或者短線操作。

市場行情千變萬化，投資者如果產生慣性思維，每一次操作都一定要做長線，或每一次操作都一定要做短線，這樣她們日後的投資生涯是非常危險的。

所以，投資者在投資進場的時候，一定要先弄清楚自己做的這一單是長線操作還是短線操作，決定選擇長線操作或者短線操作的依據是什麼，要對市場的運行狀態進行明確的把握。

【立即行動】

精明女人在外匯市場操作中，要注意該長則長，該短則短，長短結合，做到收放自如，遊刃有餘。

玩轉黃金：持久保值一萬年

股票和債券等理財工具的迅速興起，極大地提高了女人的投資收益。與此同時，黃金投資也應運而生，並且逐漸成為女人的另一種理財工具。黃金在金融投資領域有著無可比擬的優勢，是一種穩健型的投資方法。

雖然近幾年投資黃金的人越來越多，但是在黃金市場上賠錢的女人也不在少數。所以要想在黃金市場中獲利，就要有一定的實戰策略。

1·關注局勢

在黃金市場上進行風險投資和在其他期貨市場投資一樣，最好是順著形勢走。也就是說，在市場趨勢上漲時做多，而在市場趨勢下跌時做空，但是，掌握市場的趨勢並不是一件簡單的事情。

在最近幾年，做多似乎成了黃金市場上唯一正確的選擇。因為前幾年美元幣值不斷下跌，金價不斷上漲，到後來則是金價與美元同時上漲，所以最好的辦法就是低價買入，高位拋出，然後再等待下一個低點的到來。這樣做雖然不能像股市一樣經常有機會，但是可以保證穩賺不賠。

2·及時停損

在有風險的投資市場中，不可能保證女人的每筆投資都是正確的，所以要注意及時地規避風險。無論投資者水準多高，也難免有失手的時候。這時候最重要的就是及時停損出局，避免更大的損失。根據機率理論，只要勝多負少，結果就仍然有機會獲勝。

停損是女人為了避免自己的資產遭到大量損失而設定的價

位。如果做多的女人買入看漲期貨合約後，希望金價上漲，但同時設定如果金價走勢和原先的預期相反，就要實行停損操作。具體做法是在金價下跌超過一定幅度時，就將多頭倉位全部平倉，以免因為金價繼續下跌而遭受更大的損失。同樣，做空的女人也要在金價上漲時設定平倉的停損位。

重點在於一旦金價達到停損位就要堅決停損，即使過後發現錯了也不要後悔。因為不停損就可能遭受更大的損失，那時後悔就來不及了。

3・合理分配資金

首先，不要把資金一次性全部投入，而應該把資金分批分期地投入。例如，現在把全部資金分成三份，如果覺得金價在上漲中，用第一份資金買入後，金價確實上漲了並且也獲利後，再買入第二份。這樣如果出現下跌的情況，損失也可以小一些。相反，如果發現方向做反則要及時停損。因為投入的資金少，損失的也就越少。只要有資金，就永遠有機會，但是，一旦沒有了資金，也就沒有了機會。

此外，女人進行期貨和期權交易時，還應該留有足夠的保證金，因為如果方向做對，肯定沒有問題；可是如果方向做反，就會因虧損而招致追加大數額的保證金，這樣就極可能出現被迫平倉的局面，這是最危險的。尤其在期貨市場中，擁有大量資金的投資者經常會單方向拉抬，迫使對方平倉，而對手在平倉的同時也就加強了他們的力量。因為如果大資金擁有者做多，迫使對手做空，然後在對手平倉也就是買入之後，其買入的力量就加大了，將會擠壓剩餘的對手，直到把所有對手都擠壓出局為止。要想避免發生這樣的情況，女人要做到一是不可滿倉；二是一定要及時停損出局。

4．警惕投資陷阱

不要到不正規的機構、網站隨便參加高風險的投資。據相關報導稱，有些人到境外參與期貨投資，最後落得一無所有。原因是這些機構根本不是真的把資金投入到國際黃金市場，而是在客戶之間對沖。最初有些人會賺一些錢，可當行情不利時，交易就總是失敗，最後很快把錢輸得乾乾淨淨。所以對市場中的種種陷阱，一定要有所防備。

【立即行動】

本國貨幣升值時，可以在國外購買較為便宜的黃金貨品，因為黃金在國內價格不動或者下跌時，並不表示黃金本身的價值就會相應地下跌，而有可能是本國貨幣與外國貨幣匯率變化的結果。所以投資黃金時需要掌握一定的外匯知識，否則不宜大量投資。

玩轉藝術品：擦亮眼睛巧投資

與債券、股票等投資方式相比，藝術品投資具有頻繁性、方便性、達成性和直接性等優點。而且藝術品投資市場不像股票市場、債券市場的波動週期同步或者略超前於國民經濟的週期，它與國民經濟的週期沒有必然的對應關係。因此，藝術品投資活動以其獨特的魅力吸引著許多人加入。

左女士是一名採購員。一次，她到臺北市出差，發現旅館二樓有一家拍賣公司正在舉辦大型拍賣預展。雖然左女士對藝術品不太精通，但是出於好奇，還是來到了二樓。一把扇子激發了左女士的興趣，看看價格只有一千元，於是左女士便交了一萬元押金，領取了競標號碼牌。在第二天的拍賣現場，左女士又買下了四把扇子，總共花了六千五百多。

一年後，左女士帶著五把扇子，又一次來到這家拍賣公司。令左女士感到無比興奮的是，她的五把扇子總共拍賣價為二十萬。此後，嘗到甜頭的左女士經常留意身邊的藝術品，並且學習有關藝術品鑑別知識。在短短幾年時間內，用左女士的話來說，她的投資報酬率超過百分之四百。

與其他理財工具一樣，風險常常是獲利的孿生兄弟。投資藝術品，應掌握以下五個技巧，以降低風險，實現收益最大化。

1 · 請教專家

投資藝術品時，請教專家可以避免重大的經濟損失與投資失誤。當然，專家的範圍很廣泛，既可以是鑒定師，也可以是收藏家、書畫家，他們的研究側重點雖不相同，但都可以提供有價值的建議。

2 · 遵循兩大原則

決定投資藝術品，入行時必須遵循淺進和長線持有兩大原則。

淺進原則就類似於股票投資，若因為之前沒有一定的研究，也沒有經驗，那麼就可以慢慢介入，取長補短。同時，投資藝術品也要善於發現新的資源。那些年輕藝術家的作品，價格一開始不會太高，等過幾年這些藝術家成熟了，他們的作品也會隨之升值。

之所以堅持長線持有原則，是因為相對來講，藝術品的流通性較差，它的價值會隨著時間的沉澱而日益顯現。所以對於女人來說，如果不是行家或商人，就不要不停地換手，要花時間觀察、思索，等待出手的時機就可以了。

3 · 選擇可靠的途徑

投資藝術品最重要的是保真，所以投資時一定要透過可靠的途徑。一般透過藝術品博覽會、畫展、拍賣會、畫廊、藝術家本人等途徑購得的藝術作品保真。而近來流行的網路拍賣，價格不高而且交易也比較活躍，剛剛步入該市場的新手可以試一試。在選擇所要投資的藝術品時，一定要看準它未來的發展方向。在藝術品投資中，名家、實力派藝術家以及美術學院畢業生中的佼佼者等人的作品，無疑是升值空間較大的潛力股。

4・選擇風險較小品種

就目前情況來看，選擇當代油畫的風險最小，而且收益有一定的保障，最適合初入市場的人投資。價格低、保真性強、投放量小、上升空間大，這些都是當代油畫的投資優勢。

5・要遠離市場焦點

遠離市場焦點，相應地也就遠離了風險，最熱門的往往風險也是最大、最集中的。尤其是近現代書畫作品，偽作泛濫。以一代巨匠齊白石為例，據相關統計，近年來共上拍齊白石作品五千餘件，成交三千七百多件，總成交額達五十億，但如此眾多的成交作品中真品少之又少。此外，隨著藝術品市場的不斷發展，造假的水準也在逐步提高，從以前拙劣的低仿變為極具欺騙性的高仿。對於新入行的女人來說，遠離這些陷阱密布的重災區，是規避風險的最好辦法。

總之，藝術品市場的行情總在變動，變化是風險，也是機遇。只要掌握上述技巧，樹立風險防範意識，女人一定會發現增值潛力巨大的藝術品，從而實現預期的理財目標。

【立即行動】

藝術品市場魚龍混雜，造假現象非常普遍，一不小心便會花錢買廢物，因此進入之前一定要做好充分的心理準備。

玩轉投資且聽大師們的見解

關注證券、股票投資的職場女性，對安德烈· 科斯托蘭尼（Andre Kostolany）一定不會陌生。這是一位出生在德國的投資大師，八十多年的證券投資經驗使他培養出了敏銳的觀察力以及判斷力。他被譽為二十世紀的股市見證人與二十世紀金融史上最成功的投資者之一。他經歷過第一次世界大戰、第二次世界大戰及多次石油危機。他在股市中抓住了許多投機交易的大好時機，迅速完成了累積財富的目標。就算曾經面臨兩次破產危機，他依然有本事東山再起，讓人刮目相看。

人不一定要富有，但一定要獨立。有錢的人，可以投機；錢少的人，不可以投機；根本沒錢的人，必須投機。這些名句是他最廣為人知的座右銘。他的代表作《一個投機者的告白》（*Die Kunst über Geld nachzudenken by André Kostolany*）中有許多獨到的見解。在此我們引述書中股票投資的十律與十戒，推薦給熱愛投資的職場女性。

十律：

(1) 有主見，三思後再決定是否應該買進，應該在哪個國家、什麼產業買進。

(2) 要有足夠的資金，以免遭受壓力。

(3) 要有耐心，因為任何事情都不可預期，發展方向都可能和想像的不同。

(4) 如果相信自己的判斷，便必須堅定不移。

(5) 要靈活，並時刻考慮到妳的想法可能有錯誤。

(6) 如果看到出現新的局面，應該賣出。

(7) 不時查看購買的股票清單，並檢查現在還可買進哪些股票。

(8) 只有看到遠大的發展前景時，才可買進。

(9) 考慮所有風險，甚至是最不可能出現的風險。也就是說，要時刻想到有意外因素。

(10) 即使自己是對的，也要保持謙遜。

十戒：

(1) 不要盲目聽信他人的建議，不要希望能得到祕密資訊。

(2) 不要相信賣主知道他們為什麼要賣，或買主知道自己為什麼要買。也就是說，不要相信他人比自己知道得多。

(3) 不要想把賠掉的再賺回來。

(4) 不要考慮過去的指數。

(5) 不要躺在有價證券上睡大覺，不要因期望達到更佳的指數而忘掉它們。也就是說，不要不作決定。

(6) 不要不斷觀察變化細微的指數，不要對任何風吹草動做出反應。

(7) 不要在剛剛賺錢或賠錢時作最後結論。

(8) 不要因想獲利就賣掉股票。

(9) 不要在情緒上受政治好惡的影響。

(10) 獲利時，不要過分自負。

在此建議把它們抄錄在一張卡片上，可以裝裱成框放在桌上，或是記在自己隨身常用的筆記本上。只有常常翻開來複習，才能將其消化並刻印在自己的腦海中。

投資理財的新手從門外漢到成為一名頗有心得的投資專家，其中一定要歷經幾番摸索、磨練、失敗與賺扎，所以切忌心急。

一般來說，在投資人修練期間，心態、眼界的演變至少會歷經四個階段，不同的階段有不同的歷練與成長。

第一階段：學習摸索

投資人剛剛接觸理財工具時，資訊大多來自報刊媒體，甚至可能來自親朋好友的口頭傳播。同時大多數人都沒有主見，急於尋找投資致富的方式，所以他們不惜承受高於常規的風險，在追高殺低中吸取失敗的教訓。

第二階段：反覆磨練

經過第一階段的摸索之後，投資人大概能夠體會到一些賺錢的祕訣了，一旦操作成功，自信心將暴增。慢慢地他們會越來越相信自己的判斷，而不再聽取其他人的建議。因為在第一階段接受的建議，最終都成了失敗的教訓。這樣的做法反倒讓投資人故步自封，墨守在自己的圈子裡。當然過些時日，失敗的慘況很可能再度席捲而來。如果此時投資人未能深刻檢討，打開心胸接受建議，最終只能失望地離開股市。只有理智、冷靜的朋友，才能進入下一階段。

第三階段：精進成長

幾年後，投資人對市場趨勢已經稍有掌握。而且他們對於過去幼稚的行為已經檢討改進，然後透過系統的學習，掌握了不少正確的分析方法，逐漸形成自己的思維邏輯。他們的心態也從自大驕傲轉變為尊重市場，順勢而為。一般來說，這個階段中，其慘輸的機率減少了，平盤或小贏的機會增加了。不過尚需多多修練，才能更上一層樓。

第四階段：功德圓滿

在這一階段，投資者幾乎已經戒掉佛家所謂的貪、嗔、痴三念，能夠將理論與經驗充分結合，並且隨時調整不合時宜的做法，判斷各方資訊的真偽，真正達到知行合一的圓滿境界，投資報酬率也相當穩定。

【立即行動】

不要等了，趕緊到最近的書店買幾本投資大師的著作來好好研究吧！

買保險就是保幸福

女人天生需要安全感，有安全感的女人才會有幸福感。因此，女人一定不要忽略了保險這一能帶來安全感的投資項目。

生活在如今這個快速的社會中，很多女人除了工作外，還要照顧老人和小孩、操持家務，因此首先會存在身體壓力，甚至產生健康負擔；再如，養老也是一件不保險的事情，未來幾十年的事情沒有人能預料到，縱使現在衣食富足，也要為自己未來的生活做好充分的準備；另外，一些意外也常常困擾著當代女性。

那麼，女人應該怎樣選擇保險呢？是否所有的保險都需要購買呢？這時，女人可以根據自己的年齡或者特殊需要來挑選適合自己的保險。

女人在二十五～三十歲，往往是剛剛成立家庭的階段，這時準備要寶生孩子的人可以選擇購買生育險。

另外，女人到了三十歲時，身體狀況明顯開始走下坡，而這時家庭和工作壓力往往也會更大，因此，患病的機率就更大一點。這時，女人一定要為自己的身體健康買好單，要開始準備醫療保險等險種，有備無患。

琪琪今年二十六歲，結婚兩年的她已經和丈夫商量準備要孩子了。這時，丈夫突然提出琪琪還沒有買過生育險，而這個險最少要買一年才可以，於是就幫琪琪立即購買了生育險。

生育險買好幾個月後，在琪琪懷孕三個月時，琪琪的媽媽又想到了一個問題，她告訴琪琪，自己生下琪琪後身體就一年不如一年了，落下了很多毛病。因此，媽媽建議琪琪再為自己買一份醫療保險，以充分保障自己以後的醫療支出。

琪琪覺得媽媽的話很值得考慮，於是又和丈夫商量購買了一份醫療保險。這樣一來，琪琪對生產及產後的醫療方面的事情放心很多了。

四十歲以後，大部分女人已經擁有了比較穩定的財產，子女的教育經費也基本支付完成或者準備完善了。這時，女人要開始為自己的養老計劃了。除了準備一定的養老金外，建議再購買一份養老保險，以防萬一。養老保險一般來說要購買十五年以上，因此，女人要提早做好準備，並且要充分了解養老保險的一些注意事項，如在外地購買需不需要辦理手續、在外地購買是否要回自己的戶口所在地享用等。這些問題如果沒有了解深入，那麼就很可能成為日後享受養老保險的隱患。

這時，女人也可以適當再增加自己的醫療保險，因為隨著年齡增長，女人比較柔弱的身體可能會出現各種各樣的問題，因此，健康問題是永遠都不能忽視的。

馮女士今年四十二歲了，這些年一直忙於做生意的她，還沒來得及幫自己買一份養老保險。馮女士想，雖然自己現在的收入不少，但是十幾年以後的事情誰都說不好，還是買一份養老保險比較放心。於是在和丈夫商量後給兩人分別購買了一份養老保險。

由於常年四處奔波做生意，馮女士常常覺得十分勞累，步入四十歲的這幾年則更是如此。於是，為了保險起見，馮女士又另外增加了一份醫療險。這樣一來，馮女士感覺自己有了雙重保護，對於自己的晚年放心多了。

除了從年齡的角度，在購買保險時，還有其他哪些方面需要加以注意呢？

首先，女人要針對自己和家庭的情況，制訂一份有計畫的保險方案。保險公司在計算保險商品的費率時，都是由精算人員根據保險責任的範圍科學制訂出來的。也就是說，保險公司如果要有一定的利潤可獲，那麼其推出的較便宜的保險產品，其保險責任範圍就一定會比貴的保險產品要小些，同時其給付保險金的條件也會受到一定的限制。因此不能單純貪便宜，而要仔細看好保險範圍和給付條件，使其盡量符合自己的長遠利益，這樣才能真正在投保後有所保障。

其次，在全家人的保險分配和險種選擇上也要制訂好計畫。如今社會險種繁多，人們的選擇也十分多樣化，如果給全家都分別買一份社會養老保險、醫療保險等，那麼每年的保險投資也是一筆不小的支出。如果家庭暫時不是十分寬裕，可以先滿足主要矛盾，如老人身體不好時，就要首先為其購買醫療保險，而自己和丈夫如果身體健康，那麼就可以將醫療保險延後一些。

再次，建議為家裡的每個人都選購一份意外險。當然，大家都不希望自己的家人發生意外，但是家中有成員從事一些較危險的產業，那麼一份意外險也能帶來一些心理上的安全感。意外險也適合經常外出的人，比如常坐飛機的人可以購買一份航空保險，經常在戶外的人可以購買一份意外傷害保險等。具體的數額可以視風險程度而定，如果風險程度較小，那麼可以適當減少保額，同時也就減少了投資。

另外，如果剛開始工作，經濟實力不是特別豐厚，那麼可以在投保時選擇長期繳費的方式。這樣，將全部投保費用分攤到幾年甚至十幾年中，那麼每年所需承擔的費用就相對較少。

【立即行動】

購買保險時，一定要充分結合自己和家庭的實際情況，保證每份投資都能夠讓自己或家人受益。而不至於花了錢，最終卻發現沒有什麼實際收益，所投的保險金額也就成為一種完全意義上的投入，而沒有獲得了。

第 8 堂課

兼職賺錢，才華變財花

理財宣言

兼職不僅可以補貼日常開銷，而且有助於減少對時間和金錢的揮霍，還可以學到很多知識，提高工作能力，豐富工作經驗，為生活增添樂趣。

今天妳兼職了嗎

在現實生活中，很多女人總是抱怨自己賺的錢不夠花。其實，精明的女性只要針對自己的實際情況做出適合自己的工作計畫，就可以在八小時之外找到合適的致富途徑。對於工作壓力不是很大，有自己的特長且有大量空閒時間的職業女性來說，兼職是一個很好的生財途徑。

兼職的好處有以下幾個。

1．提高能力與累積經驗

如果生活在封閉的環境中，想要拓展人生經歷，提高自己的專業水準，充實生活，常常會有一定的困難。如果選擇兼職，就可以接觸到更多的人和事，不僅可以提高工作能力，還可以累積一定的工作和社會經驗。

2．為以後找工作打基礎

在很多大都市，職業女性流行兼職。對於聘請兼職人員的公司來說，這樣做可以提高資金的利用率和工作效率，而且還可以減少很多福利支出和培訓費用，大大節約了成本；再加上兼職女性創造的直接經濟效益，公司更是財源廣進。而對於尋求兼職的人來說，選擇合適的兼職工作，可以為將來尋找合適的工作奠定基礎，同時，也可以降低重新擇業的風險。

3·充分探索自身價值

越來越多的女性開始認同這樣一種觀念：尋求展現自身能力的舞台，盡情發揮自己的潛能是一件很正常的事情，但自己的本職工作往往只能發揮自身能力的一方面，無法完全證明自己的能力。有了兼職工作，女人就可以使自己其他方面的優勢得以展現。因此有能力的女性往往會尋求更多發揮自身能力的空間，盡量體現自己的價值。

李女士在大學是服裝設計系，後又留校任教。任教期間，她找到了第一份兼職工作 —— 在某高職講授平面設計課程，每月報酬是一萬元。李女士說，除了每週五個工作日比別人忙一點，週末也照樣可以休息兩天，並且自己還感覺比以前充實了很多。因為她與身邊的人關係都處理得很好，心情也很愉快。

第一份兼職工作做了差不多一年後，又有另外一所學校以每個月一萬五千元的報酬請她去上課。於是李女士辭去了第一份兼職工作，接著開始了她的第二份兼職工作。李女士對自己現在的工作狀況很滿意，她認為兼職既可以賺錢補貼自己的日用，又可以充實自己的生活，還鍛鍊了自己的能力。最重要的一點是，現在找到一份好的工作不容易，可以利用兼職的機會為以後跳槽做準備。

無論做什麼兼職，都可以利用空餘時間鍛鍊能力、累積經驗，同時也可以累積一定的資金。不影響本職工作，還可以使自己的潛能充分發揮，可謂一舉多得。但是，職業女性在選擇兼職的時候，一定要注意選擇與自己的特長和未來發展方向相契合的兼職方式。兼職是為了縮短自主創業的路程，減少從打工者到老闆之間的距離。如果只是單純地把兼職當作賺錢的工具，為眼前的一點利益斤斤計較，忘記了對自己能力的鍛鍊，結果就是得不償失。

舒女士在某公司從事技術開發工作，與朋友吃飯閒聊時，無意中得知朋友在一家生產自動門控制器的公司做兼職。同時朋友還告訴她，那家公司沒有任何軟體開發力量，他們的軟體大多是花高價請人開發。舒女士向朋友了解了控制器的原理後，覺得自己完全可以勝任該公司軟體開發的工作。於是她就讓朋友告訴那家公司的老闆，她願意替他們開發控制器軟體。朋友回覆，老闆表示歡迎她的加入。

起初，為了考查舒女士的個人能力，公司老闆給了舒女士競爭對手開發的自動門充電器，要她畫出原理圖。幾天之後，舒女士把畫好的圖紙交給該公司老闆。在和老闆討論的過程中，她發現這位老闆一點也不了解硬體和軟體的知識。透過考查後，老闆就給了舒女士一張市面上流行的自動門控制器硬體原理圖，要她開發軟體。

老闆事先口頭許諾舒女士，如果開發成功，將會給她一定的獎勵。舒女士當時並沒有放在心上。她認為，等軟體開發成功後，再和老闆商量報酬比較好。後來老闆判定舒女士的軟體開發基本成功，他又與舒女士洽談了合作方式。雙方確定舒女士的工作方式為半兼職。從舒女士接受任務的那天起，公司每個月給舒女士五千元的報酬。等確定她開發的軟體可以正常使用後，再另外商談該項目的報酬。為了多得到一些兼職費，舒女士拿到項目後，幾天就可以完成的工作她卻拖了兩週的時間。她擔心做得太快，對方會認為項目太簡單了，給的報酬會少。

豈料，兩個星期後，舒女士去公司進行軟體功能測試時，老闆告訴她前幾天已經有人賣給了公司一套控制器的軟體複製，是原始碼，功能比較好，而且價格僅為一萬元。

舒女士聽後一時沒有反應過來：您的意思是，我這套軟體沒有必要再開發下去了？老闆回答說：當然可以繼續開發，到時候賣給別人，還是可以賺一些錢的。歡迎妳有時間常和朋友來公司走走。聽了老闆的話，舒女士後悔不迭。

為了多得到一些利益，舒女士失去了一個很好的賺錢機會。如今社會發展的多元化使每個人的潛能都得到了充分的發揮。

有些產業，如寫程式、財會工作的隨意性和自由度較大，給女人提供了很好的兼職機會。但是，要做好兼職工作並不是一件容易的事情。女人在挖掘第二條財路時，必須處理好本職工作和兼職工作之間的關係。兼職女性首先要根據自己的實際情況分清主次，本職工作與兼職工作產生衝突時一定要懂得取捨，或與兼職公司協商，尋求妥善的解決辦法。既要做好本職工作，又要兼職，這就意味著要比平時投入更多的時間和精力，也要比平時承受更大的壓力。因此，女人在選擇兼職工作之前，需要認真考慮一下，為自己的職業生涯進行合理規劃。

【立即行動】

如果擁有大量的空餘時間，除了本職工作之外，女人還應該尋找一些適合自己的兼職工作。這樣不僅可以使自己的潛力得到最大限度的發揮，還可在本職工作之外獲得一份額外收入。

晒照也能賺錢

王小姐今年二十六歲，在臺北市的一家資訊技術公司擔任程式設計師，月薪只有三萬五千元。生活在消費水準較高的都市，王小姐的薪水不僅要用來負擔吃住，還要添置衣物、化妝品，一個月下來剛剛夠用。對那些價格稍貴的奢侈品，王小姐從來不敢過問。為了擺脫這種拮据的現狀，王小姐想了很多辦法。

一天，王小姐去探望一個沒有固定工作的朋友，發現朋友連假休息時常常去遊覽各處風景名勝，卻從來沒有為錢煩惱過。在王小姐的詢問下，朋友道出了實情：遊覽風景名勝時拍一些照片，然後賣給相關網站。一個月之內，隨便賣掉三五十張，收入就能抵得上王小姐一個月的薪水了。

從朋友處回來後，王小姐與男友商量，既然拍照也能那麼賺錢，自己也買一部專業相機，說不定自己拍的照片也可以賣給他們。

說到做到，在男友的幫助下，王小姐很快買了一部專業相機。為了提高拍照水準，他們先在街上演練，拍好後用電子郵件發給圖片庫網站。很快就接到網站打來的電話，說王小姐照片拍得不錯，可以簽約。

簽約後，王小姐馬上挑選了十幾張自己認為不錯的照片，傳到了網路上。第五天，就有雜誌選用了她的三張照片。圖片的報酬是以雜誌版面的大小決定的，版面越大價格越高。

此後，王小姐下班後有時間或者週末就背著相機到處轉，看到好的景物就拍下來。第二個月，她收到了四萬五千元的報酬，比她的薪水高出一萬元。

除了風景照之外，不少財經類雜誌也需要一些題材類的照片，因此業餘時間可以找到那些有名氣的企業，去拍它們的廠房、主管、招牌、廣告，或是參加各種會議，將這些財經領域的工作片段、典型形象拍攝入鏡，一般都會有人購買。

【立即行動】

旅遊、拍照、賺錢......既能領略大自然的風光，又能陶冶情操。女人在閒暇時間不妨帶上一部照相機，開始踏上一條全新的理財之路。

外校：文采也是財富

蘇小姐從小就是一位文學愛好者，閱讀了很多中外名著。她大學時讀的是中文系，但在真正地從理論上接觸文學後，她才發現現實和理想之間的差距很大。所以，畢業後她就放棄了小時候的理想，選擇了一份安穩的工作。雖然沒有成為一名作家，但蘇小姐還是把文學當作自己的一種愛好。

由於工作比較輕鬆，蘇小姐決定找一份兼職。後來經朋友推薦，蘇小姐為一家出版社兼職外校。只要她校對完成一份稿件，就可以獲得幾千元不等的報酬。稿件多的時候，她一個月下來就能賺破萬元。

文學功底深厚的女人可以找一份校稿的兼職，它不占用上班時間，可保證本職工作不受影響，同時還能兼顧自己的興趣，而且可以獲得額外收入，一舉多得。

在這裡還是要提醒大家，外校作為一種剛剛出現的職業形式，對兼職者個人的職業素養要求較高，並不適合所有人。

根據外校的職業特點和要求，只有具備下列幾方面的條件，才適合從事這個產業。

1．具有文學功底和文字表達能力

如果文字表達能力太差，即勉強使用通順的語言把意思表達清楚了，但如果缺乏表述技巧，修改出來的文字也沒有價值。

2．有充分的業餘時間

需要有足夠的時間與精力去校訂和潤改文章，所以在兼職之前應考慮，在完成自己的本職工作後是否還有充足的時間和精力來做兼職。

3．善於觀察社會和生活

無論創作何種類型的文章都應該以生活為出發點，被人喜愛的作品大都源於生活，所以優秀的外校應該善於觀察生活。

4．善於收集相關資料

要經常留心並充分收集對自己有用的資料，必要的時候還要做好筆記或保存在自己的電腦中。

5．刻苦鑽研，不輕言放棄

如果想兼職外校，除了需要鑽研寫作的基本功外，還要研究讀者和兼職所在的企業。

6．有耐心與信心

剛剛步入這個產業時，經常出現的問題是，可能交出去的稿件都會被退。這時，不要泄氣，要知道沒有一個外校的成功是一步登天而來的。只有咬緊牙關堅持下去，才能逐漸在這一產業中做出成績。

7．具備相關的法律常識

法律常識在這一行業顯得尤為重要。

【立即行動】

在不影響本職工作的基礎上，做一份自己喜歡的兼職工作，還能得到不少稿酬，相信精明的女性不會放過如此好機會。

兼職會計：輕輕鬆鬆賺外快

在經濟迅猛發展的社會，兼職會計已經成為女人最常見的一種賺錢方法。只要能找到三家以上小公司做兼職會計，收入可能比專職會計還要多。對於小企業來說，聘用一名專職會計成本較高，而且，工作量也不是很大，所以很多小型公司都聘用兼職會計來節約開支。這類公司對兼職會計工作時間方面的要求不高，所以只要具備助理會計師資格以上的人，幾乎都可以勝任。

在眾多應徵資訊中，兼職會計的資訊一直占據著很大份量，可見會計市場的需求很大。兼職會計的工作特點是任務不重，時間靈活，非常適合業餘時間充裕的職業女性。

田小姐在一家大公司擔任會計主管，業餘時間很充裕，因此她又找了幾份兼職會計的工作。目前，她正為四家小公司做兼職會計，平均每個公司每月付給她一萬元的薪水。這樣下來，每月僅兼職收入一項就是三萬。

田小姐一般都是利用下班時間到兼職公司處理帳目的，其中有一半以上的帳目是帶回家裡做的，充分利用了空餘時間。因為一般小公司的帳目都很簡單，資金往來量不是很大，田小姐的主要任務就是幫他們做帳，可能還要加上報稅。一個月的兼職會計工作量，田小姐只需十三個工作日就可以完成，所以影響不到她的本職工作。

透過做兼職會計，田小姐不僅拿到了很高的薪水，而且也很好地利用了自己的空餘時間，鍛鍊了自己的工作能力。

兼職會計這項工作，對兼職者的知識、專業技巧、經驗的要求都特別高，除了具備全面的財務知識和工作能力，還必須要有註冊會計資格證，才能勝任這份工作。詳細地說，要想做一名合格的兼職會計，必須具備以下條件。

1．具有專業的會計知識

會計是一種對專業知識要求很高的職業，沒有專業的財務知識根本無法勝任。

2．有較多空餘時間

對於兼職來說，這是很重要的一點。還是要以本職工作為主，如果有多餘的時間再考慮兼職。在小公司擔任兼職會計，每月工作時間加起來為五個工作日左右。

3．要細心，還要有責任心

會計的工作都離不開帳目和錢，工作時一定要細心，精力集中。另外，還要遵守國家的相關法律，具有強烈的責任心。

4．盡量選擇中小企業

很多職業女性在尋找兼職單位時都會有一個很片面的想法：偏好大公司。她們認為大公司的薪水較多。但是也要考慮到大企業的財務遠比小企業複雜，如果沒有很多的空餘時間做兼職，就應盡量選擇小企業。小企業雖然薪水不多，工作卻相對較輕鬆，不致影響到自己的主要工作。

【立即行動】

兼職會計對女人的個人素養要求很高，但是，如果擁有了這方面的專業知識，就相當於擁有了別人所沒有的賺錢技能。

兼職家教：寓教於樂還賺錢

如果本職工作是老師，然後又具有美術、音樂、舞蹈等方面的特長，完全可以在下班之後尋求一份兼職家教的工作。

趙女士是高中音樂老師。丈夫是一位數學老師，與她是同事。兩人每月的薪水八萬多，除了日常開銷，基本上沒什麼剩餘。後來，在朋友的建議下，趙女士利用週末的閒餘時間，擔任了兩個孩子的鋼琴老師。

趙女士週六教一個孩子，週日教另一個孩子。每天授課時間為兩小時，其餘時間指導孩子練習。一年後，趙女士不僅積存了二十五萬元的存款，而且鋼琴教授水準也大大提高，在學校時更加遊刃有餘了。

理財專家建議，女人如果想在業餘時間從事兼職家教，除了具備一定的專業知識之外，還需注意以下事項。

1．充分了解自己，做足準備

很多人從事的工作不是教育產業，沒有經過專業的訓練，沒有相關工作經驗，所以在選擇教學科目時，一定要慎重，要選擇自己最拿手的。同時，在教學開始前，要認真仔細地備課，制訂嚴謹的教學計畫；還要充分了解學員的實際學習情況，制訂適合學生的方案，不能只做表面工作。此外，要在實踐中不斷總結累積教學經驗，逐漸提高自身的教學水準。

2．態度端正和藹

對於女人來說，從事兼職家教一般都是出於兩個目的：一是提高自己的能力；二是增加自己的經濟收入。所以在做兼職家教的過程中，女人首先應該端正自己的態度，以學習的心態投入到家教工作中，好好把握每一次工作機會，把每一次的工作都看成一次學習的機會，盡力做到最好。

3．不斷提高自身修養

在第一次與學生及其家長見面時，一定要注意自己的言談舉止，時刻記著為人師表這四個字。談話時要有親和力，更重要的是展現自己的能力。

4．是老師，也是朋友

老師是一個嚴肅的職業，對於學生來說，朋友式的溝通方式更容易令他們接受，所以在第一次與自己的學生接觸時，可以找一些輕鬆的話題來聊。在課堂上是師生，但在課後可以是無話不談的朋友，這樣的教學效果將會事半功倍。

【立即行動】

很多人在本職工作中並沒有發揮出自己的特長，那麼尋求一份合適的兼職家教工作，讓自己的特長轉化為金錢。

網路小編：用別人喝咖啡的時間來賺錢

網路小編是網站內容資訊靈魂的設計師和建設者，所以這個職業的前景也是毋庸置疑的。網路發展的前景一片大好，因此兼職網路小編前途不可限量。由於其工作時間寬鬆，有一定文字功底的人都可以嘗試一下。

周小姐在一家雜誌社做編輯，每天的工作量不大。由於下班後無所事事，周小姐經常逛街。周圍的很多朋友都為她著急，因為她賺的錢還不夠她逛街的開銷，這樣下去別說存錢了，恐怕還得靠借債度日。

周小姐覺得朋友們的話有道理，於是打算找一份兼職工作。在人力銀行上瀏覽了部分兼職資訊後，周小姐決定找一份和自己行業比較接近的兼職，這樣做起來會比較順手。再三比較，周小姐覺得兼職網路小編不錯，和她的工作性質比較接近，工作時間也比較自由，不會影響自己的本職工作。周小姐的正職工作也需要每天上網，因此工作完成了剛好可以抽些時間做網路小編，既沒有耽誤自己的工作，又可增加收入。

很快，周小姐與一家網站達成合作協議，每月編寫、上傳一些文字，月底按工作量結算報酬。此後，周小姐下班後再也不去逛街了，並且每月可以多賺一萬兩千多。

需要注意的是，兼職網路小編不僅要求熟知電腦基本操作技能，還要以網路為媒介把自己掌握的知識傳播給喜愛它的讀者。從這個意義上講，網路小編不但要對時事有高度的敏感性，還應該有自己獨特的想法。具體來說，想要從事兼職網路小編工作，應該具備以下條件。

1．具有完善的專業知識與電腦技能

兼職網路小編要求具有新聞傳播學和電腦及網路技術基礎知識，要有很好的文字表達能力，同時，還要懂得網路小編所負責領域的學科的基礎知識。

2．有一定的市場觀念

網站和所有的傳統媒體一樣，儘管內容是主體，但若沒有相關客戶的支持，網站的生存都成問題。網站的受眾包括普通網友，也包括投資廣告的商業類客戶，所以兼職網路小編時，要兼顧網路媒體自身、廣告商、網友三方面的利益。另外，兼職網路小編在製作內容時，既要有自己獨特的見解，還要顧及整個網站風格的統一。

3．熟悉出版方面的相關政策與法規

網路媒體是媒體的一種形式，和傳統媒體一樣，在意識形態和輿論導向上要有一定的尺度。同時，網路媒體也是內容產業的一種，所以網路小編也要遵守內容產業的一些相關法律，如智慧財產權、版權方面的法律法規等。此外，網路作為一種新興媒體，在一些敏感問題方面也需要非常謹慎，諸如對隱私權的保護。

4．有充足的時間

最好保證每天有三到四小時的空閒時間可以自由上網，否則，網路小編的工作就會受到影響。

【立即行動】

上班族女性很適合兼職網路小編，只要每天把聊天、購物的時間用來做兼職，就可以緩解自己的經濟壓力。

兼職婚慶人員：財富和人脈一起賺

鄧小姐口齒伶俐、能說會道，在電臺做主持人。在工作之餘，她還向朋友學習過表演，同時還用很短的時間拿到了導遊和婚慶主持人證照。鄧小姐想趁年輕多賺點錢買房、買車。於是，她利用空閒時間在婚禮顧問公司兼職婚慶司儀工作。一般的婚禮舉行時間都安排在連假，因此不會影響到她的本職工作。

春節放假期間，鄧小姐幾乎每天都要做兼職婚禮司儀，最多一天內主持了四場。鄧小姐對同事說，相對於導遊，她更喜歡做婚慶司儀。導遊每天的工作時間相對較長，而報酬每天僅一千五百元左右。做婚慶司儀的收入一次就是五千元，就算半場司儀也能賺四千元，並且長假期間如果是臨時聘請，傭金還會再高百分之二十五～百分之五十。

從某種程度上來說，一位婚禮司儀同時也承擔了一部分策劃師的責任。同時婚禮司儀還必須要把當地的婚禮習俗、婚禮常識了解透徹，知道怎樣與新人溝通等。最重要的一點是，司儀要有幽默感，反應敏捷，能夠用自己的智慧帶動現場的氣氛，對一些突發事件也應該有一定的處理能力。

林小姐在一家外商上班，同時還利用業餘時間做兼職新娘祕書。她選擇這個兼職完全是出於一次偶然的機會。因為公司對女性著裝和儀表的要求非常嚴格，林小姐以前利用空餘時間專門學習過化妝技巧。她最初的想法是，能夠藉化妝讓自己和其他女同事一樣端莊得體，但沒想到還能用這個特長來賺錢。後來，林小姐的一位朋友看她化妝的效果不錯，就建議她去做兼職新娘祕書。林小姐當時剛剛買了房子，每月需要還貸款，經濟壓力較大。抱著試一試的態度，她找到一家婚禮顧問公司。沒想到很快就和公司談好了條件，以小時為單位計算報酬。另外，新娘還會給紅包，酬勞非常豐厚。

除了司儀和新祕之外，一般婚禮顧問公司還需要兼職司機、伴娘等，如果自己有車，還可帶車兼職。這樣報酬更加豐厚，不僅能增加一份收入，而且還可以擴大人脈，保持一份喜悅的心情。

【立即行動】

女人做兼職婚慶人員，可利用假日時間發揮自己的口才優勢或化妝技能特長，在喜慶的氣氛中，送去對新人的祝福，同時還可獲得額外的財富。

兼職平面模特兒：把買化妝品的錢賺出來

沈小姐在一家五星級酒店擔任翻譯，工作清閒，薪水也豐厚。她身高一百六十五公分，容貌和身材都很好，因此總覺得自己的價值還沒有得到最大限度發揮。她每個月賺的錢除了購買衣物和化妝品外，就所剩無幾了。為了盡量發揮自身的優勢，也為了讓經濟更加寬裕，沈小姐打算再找一份能夠勝任的兼職工作。她本來想去做兼職模特兒，但是，和身高一百七十五公分以上的超模站在一起，沈小姐還是顯得相對嬌小了一些。

一個偶然的機會，沈小姐透過一位做編輯的朋友認識了某雜誌社的視覺總監。那位視覺總監看到沈小姐時，直接就告訴她，她的條件很符合平面模特兒的標準。經過多次商談，沈小姐與雜誌社達成了協議。於是沈小姐成為了一名兼職平面模特兒。

第一次廣告拍攝，因為準備充分，沈小姐發揮出了相當高的水準，廣告商對她的表現非常滿意。拍攝完畢，沈小姐拿到了雜誌社給她的報酬，比她一個月的收入整整高出一倍。從此，沈小姐對這份兼職工作投入了更大的精力。而且，在沈小姐累積了一定經驗後，找她拍封面的雜誌越來越多。她現在一個月的兼職已經達到十萬多。

女人從事兼職平面模特兒工作，大多憑藉的是自身的先天優勢。這個行業不僅收入不菲，而且不需要太多的技術知識，可以說是很多女人兼職的理想選擇。但是，做兼職模特兒需要符合以下三點要求。

1．有良好的皮膚條件

由於模特兒行業對模特兒的皮膚要求也很高，所以要盡量保養膚質。

2．氣質優雅大方

氣質主要包括一個人的站姿和坐姿、表情、神態、言談舉止等方面。作為一名平面模特兒，只有具備了良好的氣質，才能更好地向人們展示自己的美麗。

3．具有良好的職業素養

模特兒需要具備良好的職業素養，其價值表現在是否能為客戶藝術性地創造產品的廣告形象。客戶在挑選這一形象時，必定會首先考慮模特兒的外表以及展現出來的生命力，所以，平面模特兒要時刻保持良好的形象，不僅表現在已經拍攝出來的廣告片中，而且還應該表現在日常生活的各個細節中。

【立即行動】

精明的女人在辛苦工作賺錢的同時，不要忘記充分利用自身良好的先天資本。除本職工作外，女人也可以做一名兼職模特兒。

兼職翻譯：別浪費語言優勢

方小姐畢業於一所名牌大學，外文系出身，在校時就已經拿到了多項國際英語證書。目前，她在一家企業做行政，工作量不大，閒餘時間較多，月薪四萬。在他人眼中，四萬薪水已經很不錯了，但是，對於追求高品質生活的方小姐來說，只能滿足她多半個月的花費。一個月中她總有十幾天不能隨心所欲地購買東西，更別說實現買車買房這樣的大目標了。

公司的主管知道方小姐的英語水準較高，遇到不能翻譯的英語資料就找她來幫忙翻譯。開始時方小姐認為同事之間本就應該互相照應，後來她發現有些主管把自己接的案件也交給她做，還找藉口說是幫她練習英語。因此方小姐就不太願意再幫他們了。但是，主管的行為卻讓方小姐找到了另外一種賺錢的方法。她想，自己的空餘時間正不知道該怎樣支配，又剛好有英語方面的優勢，找一份書面翻譯的兼職工作應該不是什麼大問題。

於是，方小姐開始託朋友給她介紹兼職工作，翻譯英文原稿。一次，朋友把一家文化公司介紹給方小姐。那家文化公司即將承辦一個影視化妝類的國際論壇，需要英語水準較高的人才擔任翻譯。方小姐正好符合他們的要求，雙方經過簡單商談，就確定了合作關係。

公司需要方小姐負責的工作主要有兩方面：一是翻譯邀請函；二是處理一些外文傳真。剛開始的時候，方小姐覺得自己的工作太簡單，有點大材小用了，但看在對方給出的五萬元高額酬勞的份兒上，方小姐還是勉強答應了下來。沒想到，一段時間之後，方小姐對這份工作越來越有興趣。由於表現出色，這家文化公司又讓她擔任了整個會場的口譯，報酬也跟著升了一大截。

雖然兼職翻譯報酬較高，但對兼職者英語水準的要求也很高。此外，這個兼職工作一般是透過計件來計算酬勞，多勞多得。為了避免出現不必要的麻煩，提醒有意加入這個行業的人，選擇公司時要小心謹慎，有些公司收到翻譯好的文稿後就開始賴帳。因此，在開始兼職之前一定要簽訂合約。另外，還要商議確定雙方都能接受的付款方式。

【立即行動】

無論是口譯，還是資料翻譯，只要具有一定的外語水準，都可以透過做兼職獲得本職工作以外的財富。

國家圖書館出版品預行編目資料

投資 5 年, 本金從 4 萬到 1 億的女人 : 從省錢、定存到股票, 專屬小資女的質感理財提案 / 淘淘著 . -- 第一版 . -- 臺北市 : 崧燁文化事業有限公司, 2021.11
面; 公分
POD 版
ISBN 978-986-516-852-0(平裝)
1. 個人理財 2. 財務管理 3. 女性
563 110015272

投資 5 年，本金從 4 萬到 1 億的女人：從省錢、定存到股票，專屬小資女的質感理財提案

作 者：淘淘
發 行 人：黃振庭
出 版 者：崧燁文化事業有限公司
發 行 者：崧燁文化事業有限公司
E-mail：sonbookservice@gmail.com
粉 絲 頁：https://www.facebook.com/sonbookss/
網 址：https://sonbook.net/
地 址：台北市中正區重慶南路一段六十一號八樓 815 室
Rm. 815, 8F., No.61, Sec. 1, Chongqing S. Rd., Zhongzheng Dist., Taipei City 100, Taiwan (R.O.C)
電 話：(02)2370-3310 傳 真：(02) 2388-1990
印 刷：京峯彩色印刷有限公司（京峰數位）

定 價：330 元
發行日期：2021 年 11 月第一版
◎本書以 POD 印製